westermann

fit fürs abi EXPRESS

Musik

fit fürs abi EXPRESS

Musik

Autor:
Jürgen Rettenmaier

Mitarbeit:
Hedwig Maria Klein

westermann GRUPPE

Druck A[1] / Jahr 2020
Alle Drucke der Serie A sind im Unterricht parallel verwendbar.

Redaktion: imprint, Zusmarshausen
Kontakt: lernhilfen@westermanngruppe.de
Layout und Umschlaggestaltung: tiff.any, Berlin
Umschlagfoto: iStockphoto.com, Nikada
Druck und Bindung: westermann druck GmbH, Braunschweig

ISBN 978-3-7426-**0117**-9

SO FUNKTIONIERT'S

Fit fürs Abi Express Musik hilft Ihnen, alle prüfungsrelevanten Themen schnell und effektiv zu wiederholen. Sie finden hier einen **kompakten Überblick** des gesamten Abiturstoffs, mit dem Sie Ihre Wissenslücken rasch schließen können.

Schlagen Sie einfach diejenigen Themenbereiche nach, in denen Sie sich noch nicht ganz sattelfest fühlen. Es ist nicht nötig, das Buch von vorne nach hinten durchzuarbeiten. Jedes Kapitel steht für sich und behandelt einen anderen Fachbereich der Prüfung.

Die Anforderungen im Fach Musik sind von Bundesland zu Bundesland deutlich verschieden. Im Internet können Sie die von Ihrem für die Schulen zuständigen Ministerium veröffentlichten Lehrpläne einsehen und vorhandene Musterklausuren durcharbeiten. Informieren Sie sich bei Ihrer Lehrkraft im Überblick zu Beginn der Kursphase und detailliert einige Monate vor dem Abitur. Verknüpfen Sie regelmäßig das Gelernte mit Ihren praktischen musikalischen Erfahrungen.

Das Buch enthält zahlreiche **Merkkästen** und **Abi-Tipps**, die Ihnen das Lösen der Prüfungsaufgaben erleichtern. Mithilfe der **Checklisten** am Ende jedes Kapitels können Sie Ihren eigenen Kenntnisstand überprüfen. Vor allem die im Text **fett gedruckten Begriffe** sollen Sie an die wichtigsten Schlagworte erinnern – gehen Sie sicher, dass Sie diese verstanden haben und gegebenenfalls auch ausführlicher erklären können. Dies ist insbesondere für eine mündliche Prüfung sehr wichtig.

Passend zum Buch gibt es eine **App mit interaktiven Multiple-Choice-Aufgaben**. Mit dieser App können Sie alle wichtigen Themen aus dem Buch aktiv und in motivierender Form trainieren. Sie erhalten die kostenlose App auf www.westermann.de/fit-fuers-abi-express.

Viel Erfolg für die Prüfung wünschen Ihnen
Hedwig Maria Klein und Jürgen Rettenmaier

INHALTSVERZEICHNIS

1 GRUNDLAGEN

Notenschrift

Notensystem und Notenschlüssel

- fünf Notenlinien, vier Zwischenräume, nach oben und unten durch Hilfslinien erweiterbar
- Verwendung entsprechender **Schlüssel** zur leichteren Lesbarkeit für hohe und tiefe Bereiche mit vielen Hilfslinien

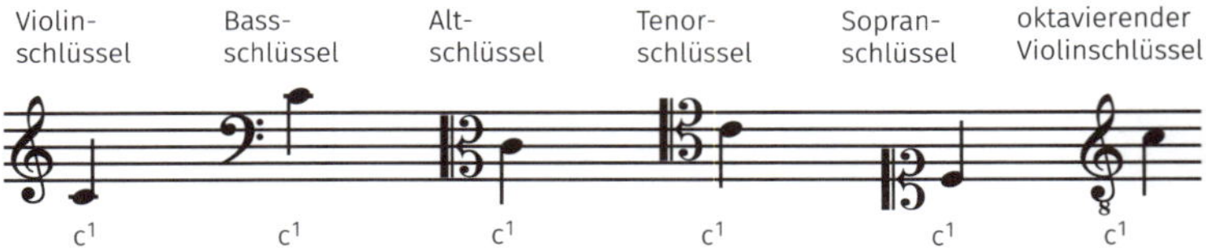

c^1 in verschiedenen Schlüsseln

- **g- oder Violinschlüssel** für hohe, **f- oder Bassschlüssel** für die tiefen Bereiche
- In der Anordnung für Klavier befindet sich zwischen Violin- und Bassschlüssel eine (gedachte) Hilfslinie.
- **c-Schlüssel** aus dem Mittelalter, kann in der **Mensuralnotation** der **Vokalpolyphonie** auf jeder Linie erscheinen, bezeichnet das **c^1** (eingestrichenes c).
- **Alt- oder Bratschenschlüssel** auf der 3. Linie, heute standardmäßig für die Viola verwendet
- **Tenorschlüssel** für hohe Bereiche von Posaune und Violoncello auf der 4. Linie
- **Akkolade**: mehrere gleichzeitig erklingende, in einer Partitur untereinander stehende Notenzeilen

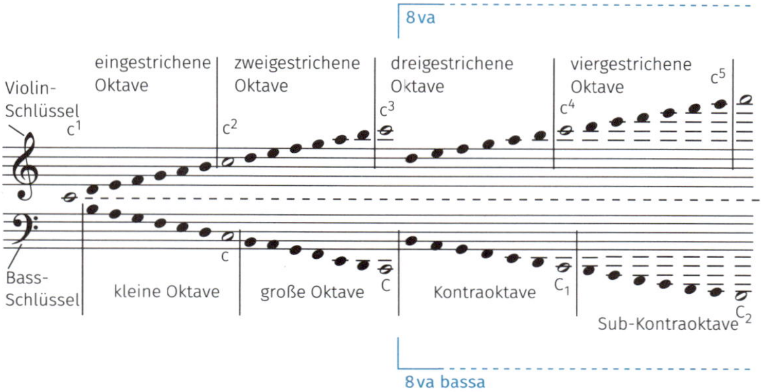

Oktavbereiche

Oktavbereiche: jeweils von c bis zum nächsthöheren h

- mittlerer Bereich c^1 (c′) c eingestrichen, die nächsthöhere Oktave c^2 (c″) c zweigestrichen usw.
- nach unten: kleine, große, Kontra- und Subkontraoktave
- **8 va** – Zeichen transponieren eine Oktave höher oder tiefer

Tondauern

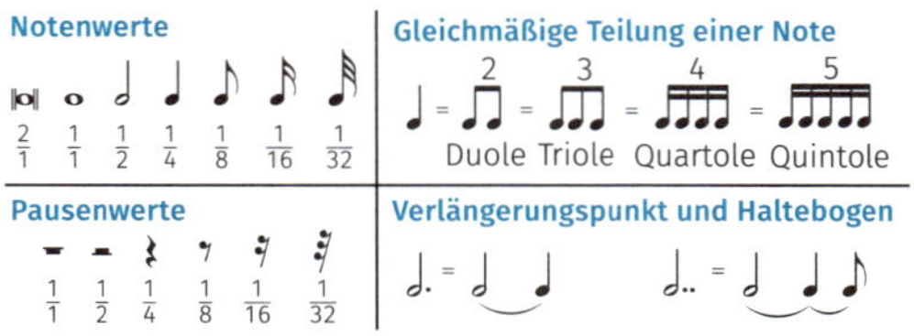

- werden über das Aussehen der Noten festgelegt, normalerweise vom Schlagwert ♩ = Viertel ausgehend, dieser kann vervielfacht und geteilt werden.
- **Tondauern sind relativ**; sie hängen vom Tempo ab, genauer bestimmt durch allgemeine Angaben (z. B. Allegro – heiter, schnell) oder durch genauere Metronomangaben (♩ = 120) in Schlägen pro Minute.
- **Punktierung** einer **Note** oder **Pause** verlängert diese um die Hälfte ihres Wertes.
- **Haltebogen**: verlängert eine Note mit gleicher Tonhöhe über einen Taktstrich hinweg, ein Vorzeichen wird übernommen.
- **Triolen, Quintolen, Septolen** sind durch 3, 5, 7 **über den Noten** gekennzeichnet.

Tonhöhen und Vorzeichen

- Die Tonhöhe ist abhängig vom Schlüssel und von der Höhe im Fünf-Linien-System. Die **Stammtöne** (c, d, e, f, g, a, h, c) entsprechen den Tönen der C-Dur-Tonleiter und den weißen Tasten des Klaviers.
- **Versetzungszeichen (Akzidentien)**: Stammtöne können ein- oder mehrmals um einen Halbtonschritt alteriert, das heißt erhöht oder erniedrigt werden. Bei der einfachen Erhöhung durch ♯ wird ein **–is**, bei der doppelten durch 𝄪 ein **–isis**, bei der einfachen Erniedrigung durch ein ♭ die Silbe **–es**, bei der doppelten durch ♭♭ die Silbe **–eses** an den Stamm angehängt.
- **Ausnahmen**: h ⇒ b ⇒ heses; a ⇒ as ⇒ asas; e ⇒ es ⇒ eses.
- Versetzungszeichen gelten am Beginn jeder Notenzeile nach dem Schlüssel notiert für das ganze Stück,
- innerhalb eines Stückes nur für einen Takt (über den Taktstrich übergehaltene Noten behalten das Vorzeichen)

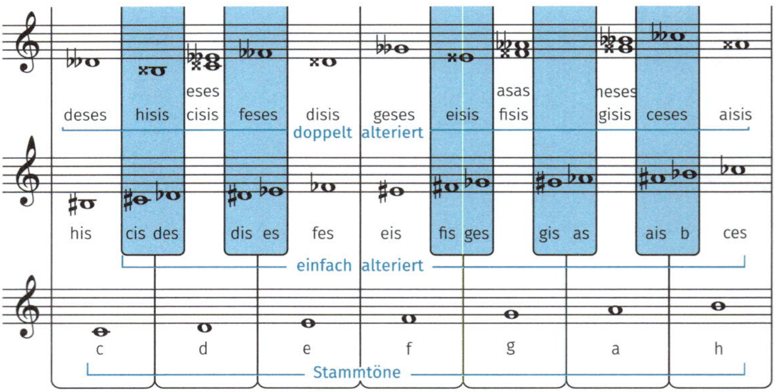

Klaviertastatur mit diatonisch-enharmonischem Tonsystem

- **Auflösungszeichen** ♮ machen die Veränderungen (Alterierungen) rückgängig.
- **enharmonische Verwechslung:** in temperierter Stimmung gleich klingende Töne, die verschieden bezeichnet werden (c = his = deses = aisisis)

Abi Tipp

NOTENLESEKOMPETENZ

Erwerben Sie flüssige **Notenlesekompetenz** in allen Schlüsseln durch **intensives Training**. Schnelles Notenlesen ist die Grundlage für das Erkennen von Tonarten und Akkorden, ebenso für das Bestimmen von harmonischen Vorgängen und Dissonanzen. Computerprogramme und Handy-Apps können dabei hilfreich sein.

Vortragsbezeichnungen

- Verwendung seit dem beginnenden 17. Jahrhundert, beziehen sich auf Dynamik, Tempo, Artikulation, Gliederung, Spieltechnik oder Ausdrucksgehalt (Affekt), meist italienisch, ab 1800 oft auch deutsch
- treten im Verlauf von Klassik, Romantik und beginnendem 20. Jahrhundert verstärkt auf und sind integrativer Bestandteil des kompositorischen Ausdruckswillens
- Eine ausführliche Tabelle zu Vortragsbezeichnungen finden Sie beispielsweise in: Fit fürs Abi. Oberstufenwissen Musik auf den Seiten 10 bis 16. Westermann Verlag, Braunschweig, 2019.

Neumen im Gregorianischen Choral

- **Handschriften** ab dem 8./9. Jahrhundert: adiastematische Neumen, von Mönchen über den liturgischen Texten notierte Neumen (gr.: Wink), zeigen die Bewegungen beim Chordirigieren an, noch keine genaue Tonhöhe, Gedächtnisstütze für bekannte Melodien
- **Diastematische Neumen**: erst ab ca. 1000, in Linien im Terzabstand eingetragen, genauer Tonhöhenverlauf rekonstruierbar, Tonlängen bleiben unbestimmt
- **Römische Quadratnotation**: auf vier Notenlinien mit c-Schlüssel ( ) und f-Schlüssel ( )

Name	Neumen	Tonbewegung
Punctum	■	abwärts oder tief bleiben
Virga		aufwärts oder hoch bleiben
Pes (Podatus)		tief ⇒ hoch
Clivis (Flexa)		hoch ⇒ tief

- **Ligaturen:** feste Verbindungen von Einzelzeichen (z. B. Pes, Clivis)

Beispiel Introitus aus dem Requiem

- Der **Introitus** (Eingangslied) zur Totenmesse **(Requiem)** steht im 6. Ton (hypolydisch), die Finalis ist f, der Tenor a, allerdings reicht der Ambitus nicht wie üblich unter die Finalis.
- Silben sind teilweise **syllabisch** (ein Ton pro Silbe), teilweise **melismatisch** (mehrere Silben pro Note) vertont.
- Die Melodie liegt auch dem Introitus des Requiems op. 9 von DURUFLÉ (1947) zugrunde.
- Die berühmten Vertonungen des Requiems durch MOZART, VERDI, BERLIOZ u. a. verwenden nur den Text, nicht die gregorianische Melodie.

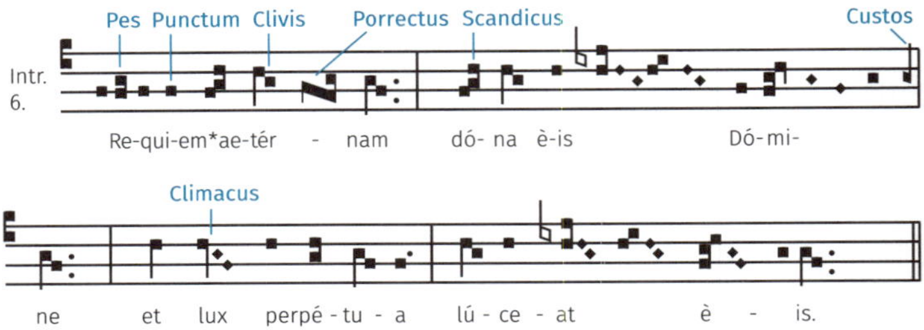

Zeit und Rhythmus

- Die Notenschrift ist in Bezug auf die zeitliche Komponente ziemlich ungenau; gleich aussehende Viertelnoten werden im Adagio (♩ = 50) als langer Ton, im Presto (♩ = 180) als kurzer Ton erlebt.
- Gleich aussehende Notenwerte werden je nach Musikstil und Interpretation lang gespielt (z. B.: lang, kurz, kurz, beim Walzer).

Rhythmus und Metrum

- **Metrum**: ursprünglich das Versmaß eines Gedichtes, die regelmäßige Folge von schweren und leichten bzw. von langen und kurzen Silben (z. B. Jambus: kurz – lang)
- **Rhythmus**: lebendige Vielfalt der wechselnden Tondauern und Betonungen der Musik - Gegensatz: gleichförmige Abfolge der Taktbetonungen

Neumen im Mittelalter zeigen nur Tonhöhen, keine Tondauern.

Modalnotation des 12. Jahrhunderts verwendet die Notenformen der Quadratnotation; ordnet die Musik in wiederkehrende Folgen von Längen und Kürzen analog den Versmaßen.

Mensuralnotation

- löst um 1230 die Modalnotation ab
- Tondauern werden mit dem Aussehen der jeweiligen Note verbunden und durch Zahlenverhältnisse aufeinander bezogen.

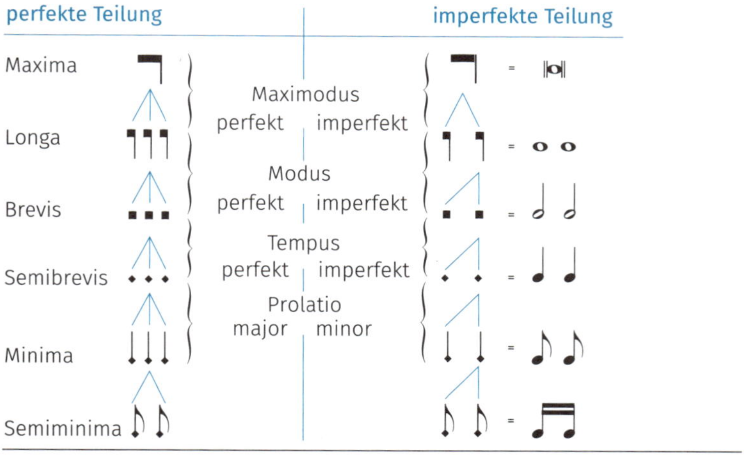

Mensuralnotation

Akzentstufentakt

- Um 1600, **System der abgestuften Betonungen**, aufeinander folgende Töne werden durch Betonungen gegliedert.
- **Taktstrich** wird grundlegender Ordnungsfaktor, Hauptakzent auf der Note danach.
- **Anzahl und Art der Notenwerte** eines Taktes werden durch Zähler und Nenner angegeben. Der Halbkreis 𝄴 steht dabei für den 4/4-Takt, das durchgestrichene 𝄵 verlangt die Halbe als Grundschlag (alla breve) und in der Regel ein schnelleres Tempo.

$\frac{2}{4}$, $\frac{2}{2}$, 𝄵	Zweiertakt: schwer-leicht, s-l;
$\frac{3}{4}$, $\frac{3}{2}$	Dreiertakt s-l-l,
$\frac{4}{8}$, $\frac{4}{4}$ = 𝄴, $\frac{4}{2}$	Vierertakt s-l-mittelschwer-l,
$\frac{6}{8}$, $\frac{6}{4}$	Sechsertakt s-l-l/m-l-l).

Akzente in unterschiedlicher Abstufung

- alle Notenwerte nun **zweizeitig** geteilt
- **Auftakt**: unvollständiger Teiltakt zu Beginn ergibt zusammen mit dem letzten Takt wieder einen vollständigen Takt.
- **Synkope**: Anbindung einer unbetonten Zählzeit an die folgende betonte, auch über einen Taktstrich hinaus; Akzentverschiebung durch unregelmäßige Taktbetonung
- Die unterschiedlichen Akzentabstufungen können auch für ganze Takte über größere Taktgruppen wie z. B. 8-taktige Perioden gelten.

Tonsysteme und Tonleitern

Pentatonische Leiter

- (gr. penta: fünf), halbtonlose Anordnung aus drei Ganztönen und zwei kleinen Terzen

Pentatonische Leitern

- automatisch auf den schwarzen Klaviertasten vorhanden (z. B. cis – dis – fis – gis – ais), auch auf den weißen Tasten darstellbar (c – d – e – g – a).
- Merkmale: keine stark dissonanten Zusammenklänge, mehrere Töne können Grundtonfunktion annehmen, nur ein Dreiklang bildbar, ansonsten Quart-Sekundklänge, keine Tonika-Dominantspannung. Vorkommen: Ostasien, Balkan, Kinderlieder.

Chromatische Tonleiter (Halbtonleiter)

- aus den zwölf chromatischen Halbtonschritten (c – cis – d – dis – e – f – fis – g – gis – a – ais – h)
- Vorkommen: in tonaler Musik als kurzzeitiger Kontrast oder in Form einer neu geordneten zwölftönigen Reihe als Ausgangsmaterial einer 12-Ton-Komposition

Chromatische Tonleiter

Ganztonleiter

- aus sechs Ganztonschritten (z. B. c – d – e – fis – gis – ais – his (= c)), wie die chromatische Leiter kein Grundton

Ganztonleiter

- übermäßige Dreiklänge auf jeder Stufe (z. B. c – e – gis, d – fis– ais, ...), klanglich nicht von ihrer Umkehrung zu unterscheiden (z. B. Grundstellung: e – gis – his = e – gis – c = 1. Umkehrung von c – e – gis)
- bedingt durch die übermäßigen Quinten keine Tonika-Dominantspannung (z. B. c – gis, d – ais, ...)
- Vorkommen: in der impressionistischen Musik DEBUSSYS um 1900, meist als Klangfarbe verwendet, angeregt durch das 5-tönige **Slendro-System** aus Java (fünf gleiche 1 1/5 -Töne) , aber auch in der durch die Volksmusik des Balkan geprägten Musik BARTÓKS

Diatonische Tonleitern

- siebentönig, aus **fünf Ganz- und zwei Halbtonschritten**
- **Dur –, Moll– und Kirchentonleitern**
- **Tonalität:** Die Töne der diatonischen Leitern werden nach ihrem Spannungsverhältnis (Quinte Verhältnis $\frac{2}{3}$ konsonant ⇒ kleine Sekunde $\frac{15}{16}$ dissonant) zu einem Bezugs- oder Grundton gruppiert, welcher dann zum tonalen Zentrum wird.

Dur

- Die Durtonleiter mit der Stufenfolge (1 – 1 – 1/2 – 1 – 1 – 1/2, aus zwei gleichartigen Tetrachorden (Viertonreihen) mit je zwei Ganztonschritten und einem Halbtonschritt darüber (1 – 1 – 1/2).

Durtonleiter

- auf den weißen Tasten des Klaviers **(Stammtöne)** vom Ton c ausgehend (c – d – e – f – g – a – h), kann wie alle diatonischen Leitern auf alle 12 Halbtonstufen transponiert werden.

Moll

- Molltonleitern, aus der Kirchentonart äolisch (a – h – c – d – e – f – g – a) (engl. a – b – c ...) entstanden, mehrere Varianten:
- **Natürliche Molltonleiter (aeolisch):** von der 6. Stufe der parallelen Durtonleiter ausgehend mit gleichen Tönen und Vorzeichen (z. B. **e-Moll**: e – **fis** – **g** – a – **h** – **c** – d – e), Halbtonschritte (fett) 2 – 3, 5 – 6.

- kein Leitton auf Stufe 7 – 8, **Molldominante** (h – d – fis)
- **Harmonische Molltonleiter**: hinzugefügter Leitton durch Erhöhung der 7. Stufe (e – **fis** – **g** – a – **h** – **c** – **dis** – **e**), schwer singbarer **übermäßiger Sekundschritt** von Stufe 6 ⇒ 7 (c –dis).
- **Durdominante** (h – dis – fis), drei Halbtonschritte (2 – 3, 5 – 6, 7 – 8).
- **Melodische Molltonleiter**: aufwärts wird die unsangliche übermäßige Sekunde durch **Erhöhen der 6. Stufe** umgangen, abwärts ohne Erhöhungen gleich der natürlichen Tonleiter.
- Halbtonschritte aufwärts 2 – 3, 7 – 8; abwärts 2 – 3, 5 – 6.
- **Zigeunermoll** entsteht aus der harmonischen Molltonleiter durch zusätzliches Erhöhen der 4. Stufe, weiterer Leitton zur Dominante (e – f is – g – **ais** – h – c – dis – e).

Zigeunermoll

Kirchentonarten

- ursprünglich im Mittelalter vier **authentische Kirchentonarten (Modi, toni): dorisch, phrygisch, lydisch**, und **mixolydisch**
- sowie **vier plagalen Kirchentonarten: hypodorisch, hypophrygisch, hypolydisch und hypomixolydisch** mit der jeweils gleichen Finalis (Schlusston der Melodie)
- Um 1550 (Dodekachordon) kommen dazu: **äolisch** (cantus mollis, Moll) und **ionisch** (cantus durus, Dur).

- Die **Modi** basieren nur auf den Stammtönen (mit Ausnahme der Erniedrigung von h zu b, um die Dissonanz f – h zu vermeiden), sie wurden nach griechischen Stämmen benannt.
- **Grundtöne:** dorisch **d**, phrygisch **e**, lydisch **f**, mixolydisch **g**, äolisch **a** und ionisch **c**
- Keine absolute Tonhöhe, sondern eine diatonische Folge von Ganz- und Halbtonschritten, die eine Quarte nach oben transponiert werden konnte. Später wurde die Transposition auf alle Halbtonschritte möglich.
- Bestimmende Merkmale:
  → **Ambitus** (Umfang), meist eine Oktave, **Finalis** (Schlusston, Grundton): Endton einer Melodie, **Tenor, Tuba, Rezitationston:** besonders beim Psalmvortrag oft wiederholter Ton

Besondere Tonsysteme

- **Indien:** System aus 22 **Shruti** in einer Oktave, Stufen nicht gleich groß, jedoch alle kleiner als ein Halbton.
- **Arabisches Tonsystem:** teilt die Oktave in 53 Teile, davon werden 17 Stufen ausgewählt.
- **Mikrointervalle**: kleiner als ein Halbtonschritt, eingesetzt Ende des 20. Jahrhunderts, gleichzeitig mit dem Bau entsprechender Instrumente
- **Dritteltonleiter** – 18-tönig, (Busoni, Skrjabin)
- **Vierteltonleiter** – 24-tönig (Hába, Penderecki)
- **Slendro-System** – 5-tönig $\left(1\frac{1}{5}\text{-Ton pro Stufe, Java}\right)$

Intervalle

Grundlagen

- **Intervall** (lat. Zwischenraum): Abstand von zwei Tönen zueinander, gleichzeitig oder nacheinander erklingend
- Lateinische **Ordnungszahlen** bezeichnen die Abstände der Töne, z. B. lat. „tertius“ zum 3. Ton.
- Zur **Grobbestimmung** der Intervalle kann man die Klaviertasten (Stammtöne) oder die Linien und Zwischenräume abzählen, der Ausgangston wird mitgezählt.

Komplementär-Intervalle

Halbton-schritte	0	1	2	3	4	5	6	7	8	9	10	11	12	13	14	15	16
Intervalle	reine Prime	Kleine Sekunde	große Sekunde	kleine Terz	große Terz	reine Quarte	Tritonus	reine Quinte	kleine Sexte	große Sexte	kleine Septime	große Septime	reine Oktave	kleine None	große None	kleine Dezime	große Dezime
verminderte	v2		v3		v4		v5	v6		v7		v8	v9		v10		
übermäßige		ü1		ü2		ü3	ü4		ü5		ü6		ü7	ü8			

dissonant · konsonant · konsonant, wenn Hauptton oben, ansonsten dissonant

Intervalltabelle

Feinbestimmung der Intervalle

- **reine Intervalle**: Prime, Quarte, Quinte, Oktave, tauchen nur in einer Form auf
- **kleine und große Intervalle**: Sekunde, Terz, Sexte und Septime, zwei Varianten unterscheiden sich um einen Halbton (→ Abbildung „Intervalltabelle", oben)
- **verminderte und übermäßige Intervalle**: Alle Intervalle, ob rein, groß oder klein, können um einen weiteren Halbtonschritt vergrößert werden. Ein kleines Intervall wird dadurch groß, reine und große werden übermäßig. In analoger Weise werden reine und kleine Intervalle bei weiterer Verkleinerung um einen Halbtonschritt vermindert genannt.
- So wird z. B. die reine Quarte c – f (5 Halbtonschritte) durch Erhöhung des f zu fis zu einer übermäßigen Quarte (6 Halbtonschritte), auch Tritonus genannt (in der Tabelle als ü4 abgekürzt).
- **Intervallumkehrung:** Versetzt man einen Ton eines Intervalls um eine Oktave nach oben oder unten, erhält man das **Umkehrungsintervall**. Beide Intervalle ergänzen sich zur Oktave und werden **Komplementärintervalle** genannt.

Konsonanz – Dissonanz

- **vollkommene Konsonanzen: Oktave, Quinte, Prime**
- **unvollkommene Konsonanzen: Terzen und Sexten**
- **Quarte** konsonant, wenn ihr Hauptton (Grundton des Akkords) oben liegt, sonst dissonant
- **Dissonanzen: Sekunden, Septimen** und vor allem der **Tritonus** (im Mittelalter „Diabolus in musica" genannt)
- Alle **übermäßigen und verminderten Intervalle** sind im musikalischen Satz **dissonant**, auch wenn z. B. eine verminderte Quarte (in temperierter Stimmung c – fes = c – e) wie eine große Terz klingt.
- Dissonanzen wurden im Verlauf der Musikgeschichte unterschiedlich empfunden und in verschiedener Häufigkeit eingesetzt. Im **Mittelalter** galten Oktave (1 : 2) und Einklang als vollkommene, Quinte (2 : 3) und Quarte (3 : 4) wegen ihrer einfachen Frequenzverhältnisse als unvollkommene Konsonanzen, alle anderen Intervalle als Dissonanzen. **Emanzipation der Dissonanz:** Zu Beginn des 20. Jahrhunderts wird die Dissonanz gleichberechtigt zur Konsonanz, der Auflösungszwang entfällt.

Saitenlänge und Frequenzverhältnisse

- Die **Frequenz** (Schwingung pro Sekunde, gemessen in Hz) und die **Saitenlänge** eines Tones hängen eng zusammen (indirekte Proportionalität). Durch Halbieren einer Saite erhält man die Oktave des Ausgangstones mit dessen doppelter Frequenz z. B. Ausgangston: a^1, 440 Hz, Länge: x; Oktavton: a^2, 880 Hz, Länge: $\frac{x}{2}$
- Durch harmonische Teilung der Oktave 1 : 2 in 2 : 3 : 4 erhält man die Quinte 2 : 3 und die Quarte 3 : 4, bei harmonischer Teilung der Quinte 2 : 3 in 4 : 5 : 6 die große Terz 4 : 5 und die kleine Terz 5 : 6, welche zusammen den Durdreiklang ergeben. Durch weitere harmonische Teilung der großen Terz 4 : 5 in 8 : 9 : 10 die große Sekunde 8 : 9 und die kleine Sekunde 9 : 10.

Stimmung

- **pythagoreisches System:** mehrfache Schichtung der Quinte (2 : 3), nicht in sich geschlossen, große Terz aus zwei pythagoreischen Sekunden $\frac{9}{8} \cdot \frac{9}{8} = \frac{81}{64}$ verschieden von der großen Terz $\frac{5}{4} = \frac{80}{64}$ der Partialtonreihe (syntonisches Komma).

- Stellt man sieben Oktaven übereinander $\left(\frac{2}{1}\right)^7 = 128$ und vergleicht mit demselben Ton, der sich aus 12 übereinandergeschichteten Quinten ergibt $\left(\frac{3}{2}\right)^{12} = 129{,}7$, so ergibt sich eine Differenz von ca. $\frac{1}{4}$ Halbton (pythagoreisches Komma).
- wird im gleichstufig **temperierten Tonsystem** auf alle 12 Halbtonstufen gleichmäßig verteilt
- Quinten, große Terzen und große Sekunden sind etwas zu klein, Quarten, kleine Terzen und Sekunden etwas zu groß gestimmt.
- geringe Verstimmung in der Regel unproblematisch, Ruheklänge verlangen jedoch reine Intonation.
- **Temperierte Stimmung:** seit dem 18. Jahrhundert gebräuchlich mit gleichmäßiger Verteilung der 12 Halbtonschritte $\left(\sqrt[12]{2} = 1{,}0595\right)$, ermöglicht problemloses **Spiel in allen Tonarten** und **Enharmonische Vertauschung von Tönen**.

Abi Tipp

INTERVALLBESTIMMUNG

→ Erwerben Sie flüssige Fertigkeiten bei der Feinbestimmung von Intervallen. Dafür eignen sich alle Noten, besonders aber 12-Ton-Kompositionen, Computerprogramme könne Hilfestellung bieten.

Partialton-, Naturtonreihe

Teilt man eine Saite in $\frac{1}{2}$, $\frac{1}{3}$, $\frac{1}{4}$, usw., so erhält man alle Intervalle vom größten der Oktave, weiter über Quinte (über der Oktave gelegen), Quarte, großer und kleiner Terz, bis zur großen und kleinen Sekunde.

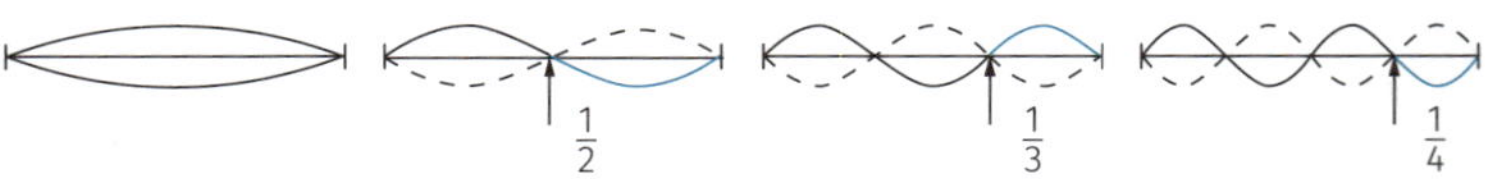

Saitenteilung

- Intervalle können auch noch kleiner geteilt werden, nur werden sie im Allgemeinen nicht benutzt **(Mikrointervalle)**.
- Die **Frequenz** einer Grundschwingung x vervielfacht sich entsprechend (Oktave 2x, Quinte 3x, Quarte 4x, ...).
- Die **Teiltöne 4, 5 und 6** ergeben den **Durdreiklang**.
- 7. Teilton klingt erheblich tiefer als in der temperierten Stimmung.

- In jedem Ton sind diese **Vielfachen der Grundschwingung** als **Obertöne** in unterschiedlicher Stärke enthalten. Dieses **Obertonspektrum** ergibt zusammen mit dem jeweiligen Anspielgeräusch die **typische Klangfarbe** eines Instruments.

Die Töne der **Partialtonreihe** können als sogenannte **Naturtöne** auch von einem Blasinstrument ohne Klappen und Ventile durch Überblasen erzeugt werden. Der tiefste Ton ist dann der **Grundton** des Instruments.

Partialtonreihe

Akkorde

- **Akkord:** drei oder mehr harmonisch deutbare, gleichzeitig oder kurz nacheinander erklingende Töne
- **Oktaven** gelten als gleiche Töne, da die Einzeltöne zu sehr verschmelzen.

Dreiklänge und Umkehrungen

Dreiklang: seit der Renaissance wichtigster Baustein der Musik, zwei übereinandergeschichteten Terzen, dreitöniger Akkord

- **Grundton, Terzton und Quintton:** Bezeichnung nach dem Abstand vom Grundton
- vier Möglichkeiten im Zusammenspiel von großer und kleiner Terz:
  - → **Durdreiklang:** unten große, oben kleine Terz
  - → **Molldreiklang:** unten kleine, oben große Terz
  - → **verminderter** Dreiklang: zwei kleine Terzen
  - → **übermäßiger** Dreiklang: zwei große Terzen

Dreiklangs-Arten

Umkehrungen

- Ein Dreiklang aus zwei direkt übereinander geschichteten Terzen steht in **Grundstellung** (G).
- Versetzt man den Grundton eines Dreiklangs um eine Oktave nach oben, so entsteht die **erste Umkehrung** (1. U, Terz + Quarte = Sexte), **Sextakkord** genannt.
- Beim zusätzlichen Versetzen der Terz ergibt sich die zweite Umkehrung (2. U, Quarte + Terz), der **Quartsextakkord**.
- Bei **Dreiklängen auf mehreren Systemen** (z. B. Klavier) bestimmt der **tiefste Ton** die Umkehrung:
  - → Grundton unten: **Grundstellung**
  - → Terzton unten: 1. Umkehrung, **Sextakkord**
  - → Quintton unten: 2. Umkehrung, **Quartsextakkord**

(Tonverdopplungen werden ignoriert)

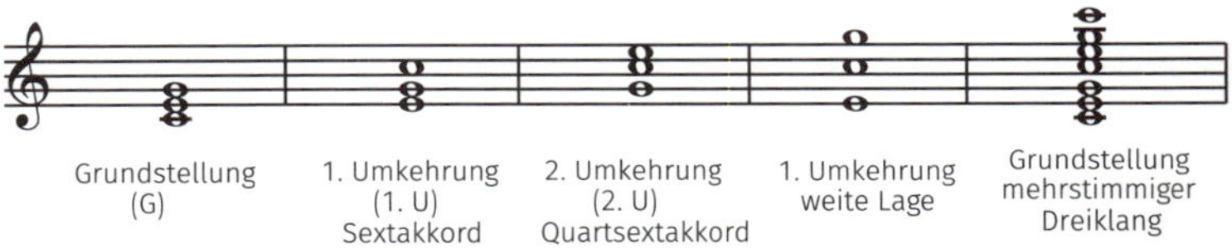

Dreiklangs-Umkehrungen

Leitereigene Dreiklänge der Durtonleiter

- Auf jedem Ton einer beliebigen Durtonleiter lässt sich ein Dreiklang errichten:
  - → auf den Stufen 1, 4 und 5 – **Hauptdreiklänge in Dur** I **Tonika** (T), IV **Subdominante** (S) und V **Dominante** (D),
  - → auf den Stufen 2, 3 und 6 **Nebendreiklänge in Moll** II **Subdominantparallele** (Sp), III **Dominantparallele** (Dp) und VI **Tonikaparallele** (Tp).
  - → Auf der 7. Stufe steht ein **verminderter Dreiklang** (h–d–f).
  - → Ergänzt man in Gedanken eine große Terz unter den verminderten Dreiklang (g–h–d–f), so kann er als **verkürzter Dominantseptakkord ($\not{D}^7$)** zur Tonika aufgefasst werden.

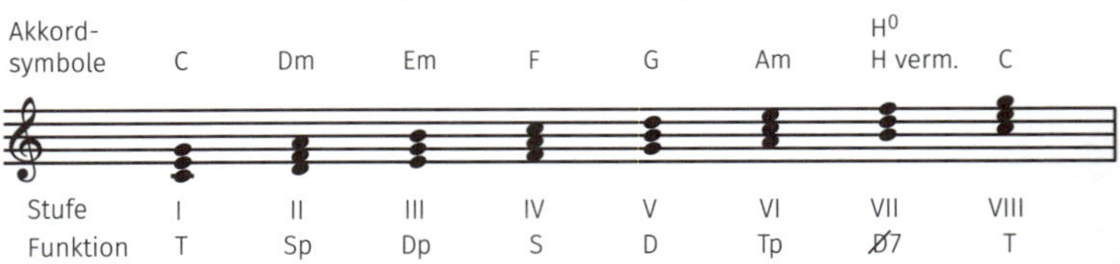

Leitereigene Dreiklänge

Quintverwandtschaft, Terzverwandtschaft

- **Quintverwandtschaft:** Grundtöne von Dreiklängen und Tonarten sind dabei eine Quinte entfernt
- **Quinte nach oben** (z. B. c – g) → **Dominante**
- **Quinte nach unten** (z. B. c – f) → Unter- oder **Subdominante**
- **Quintenzirkel:** Kreis der quintverwandten **Durdreiklänge auf allen 12 Halbtonstufen** mit **parallelen Molltonarten** (kl. Terz tiefer) und der **enharmonischen Verwechslung** von Fis-Dur nach Ges-Dur

Ein großer Teil der Musik speziell ab der Klassik verwendet die **Spannung der Hauptdreiklänge** als Kompositionsgrundlage.

- Wechsel von Spannung und Entspannung
  - → Tonika: Mitte und Ruhepol
  - → Akkorde in Richtung der Dominante, in Richtung ♯ Spannungsaufbau
  - → Akkorde in Richtung der Subdominante Entspannung
- **Dominatseptakkord** auf der V. Stufe einer Dur- oder Molltonart, eindeutiges **Erkennungszeichen der Tonart** z. B. nach einer Modulation, ebenso der **verminderte Septakkord auf der VII. Stufe**

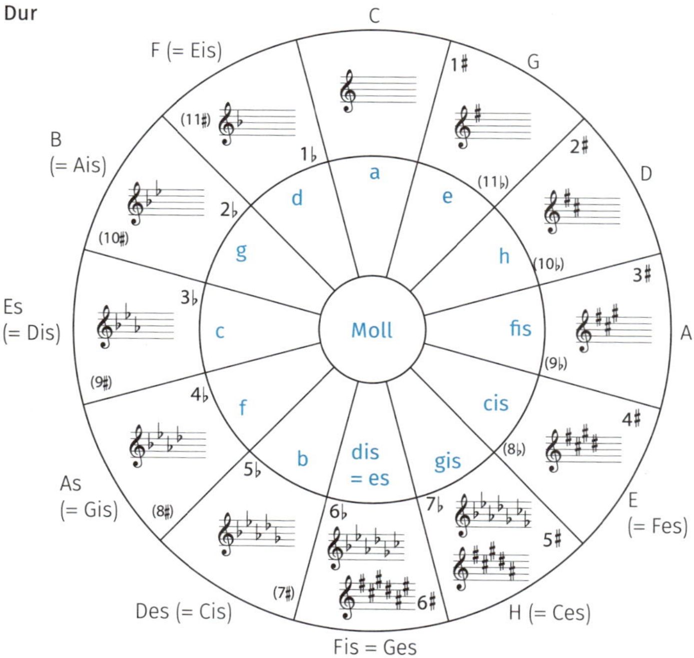

Der Quintenzirkel

Terzverwandt sind alle Dreiklänge und Dur- oder Molltonarten, die von einem Grundton eine kleine oder große Terz entfernt sind (**Medianten**), z. B.:

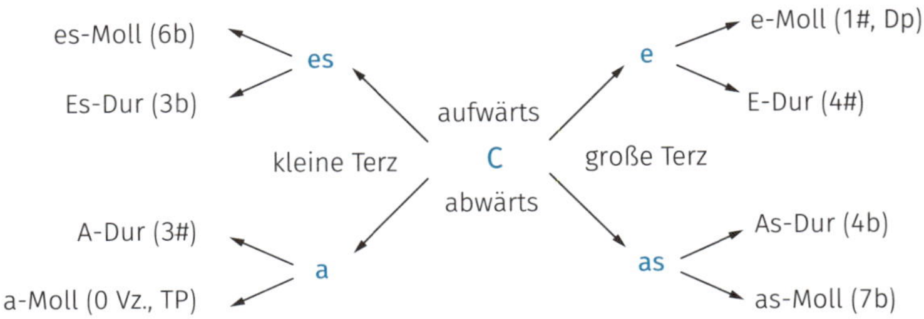

Medianten

- Dabei zählen die beiden Dreiklänge a-Moll (parallele Molltonart, Tonikaparallele - Tp) und e-Moll (Dominantparallele - Dp) zur engen Verwandtschaft der **leitereigenen Klänge**.
- **Medianten** spielten eine wichtige Rolle als Mittel harmonischer Bereicherung in den Madrigalen der späten Renaissance und in der Spätromantik.

Trainingsprogramm

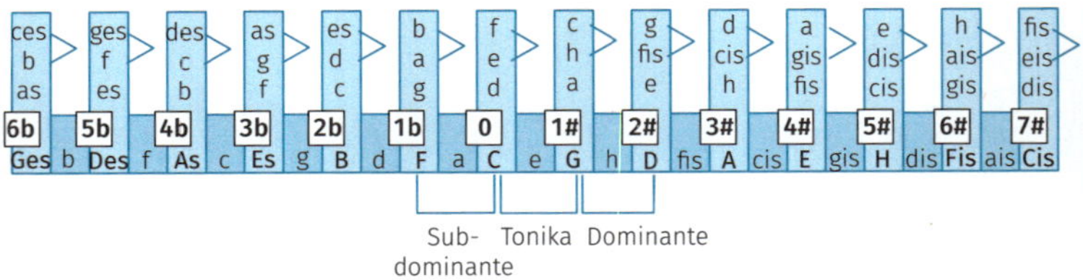

Tonleitern und Terzschicht-Akkorde

Tonleitern und Terzschicht-Akkorde

- Grundstruktur ist der auseinander gefaltete **Quintenzirkel** von Ges-Dur bis Fis-Dur. Von Großbuchstabe zum nächsten Großen liegt eine **reine Quinte**, von groß → klein die **große Terz**, von klein → groß die **kleine Terz**.
- Die **Hauptdreiklänge** einer **Tonart** liegen direkt nebeneinander:
  - → Unterquinte **(Subdominante)** → **Tonika** → (**Dominante**).
  - → beliebig nach rechts und links verschiebbar
- Die **parallele Molltonart** mit gleicher Vorzeichenzahl liegt links neben der Durtonart, eine kleine Terz tiefer (C-Dur, a-Moll), der **Moll-dreiklang** ist auch direkt ablesbar (a C e).

- In der Säule oberhalb des Grundtons liegen die unteren vier Töne einer Tonleiter **(Tetrachord)** mit dem Halbton zwischen dem 3. und 4. Ton (Klammer). Zusammen mit der rechts danebenliegenden eine Quinte höher liegenden Viertonleiter ergibt sich eine **vollständige Durtonleiter** (cdef/gahc).

Abi Tipp

WIE VOKABELN LERNEN

→ Aus der Abbildung der Tonleitern und der Terzschicht-Akkorde mit der Abfolge von großen und kleinen Terzen lassen sich die Durdreiklänge mit einem überschaubaren Lernaufwand wie Vokabeln lernen. Wenn Sie im Notentext dann auf komplexe Akkorde treffen, müssen Sie nicht mehr jede einzelne Terz bestimmen.

→ Auch das Spiel von Akkordsymbolen auf dem Klavier wird durch die Kenntnis der Akkorde wesentlich erleichtert.

Abi Tipp

ZUM ÜBEN VON DURDREIKLÄNGEN

1	Lernen Sie die Durdreiklänge zunächst in der Reihenfolge des Quintenzirkels, der dritte Ton des Dreiklangs bildet dabei wieder den ersten des Folgedreiklangs: ges–b–des, des–f–as, as–c–es …
2	Bilden Sie die Durdreiklänge abwärts gerichtet im Quintenzirkel: Ges-Dur: des–b–ges, Des-Dur: as–des–f
3	Bilden Sie die Durdreiklänge chromatisch auf- und absteigend wie auf den Tasten einer Klaviatur: C-Dur: c–e–g, Des-Dur: des–f–as, D-Dur: d–fis–a … C-Dur: g–e–c, H-Dur: fis–dis–h, B-Dur: f–d–b …
4	Bilden Sie Durdreiklänge in der ersten Umkehrung: Ges-Dur: b–des–ges, Des-Dur: f–as–des … Bilden Sie Durdreiklänge in der zweiten Umkehrung: Ges-Dur: des–ges–b, Des-Dur: as–des–f, D-Dur: a–d–fis …
5	Bilden Sie Molldreiklänge durch Erniedrigung des mittleren Tones (unten kleine Terz) z. B. c–e–g zu c–es–g: ges-Moll: ges–heses–des, des-Moll: des–fes–as, as-Moll: as–ces–es …
6	Bilden Sie verminderte Dreiklänge durch Erniedrigung des 2. und 3. Tons (2 kleine Terzen): z. B. c–e–g wird zu c–es–ges.

7	Bilden Sie übermäßige Dreiklänge durch Erhöhung 3. Tons (zwei große Terzen): z. B. c–e–g wird zu c–e–gis.
8	Bilden Sie Dominantseptakkorde durch Erniedrigung des 4. Tons (gr. Terz + kl. Terz + kl. Terz): z. B. c–e–g–h wird zu C7 c–e–g–b z. B. ges–b–des–f wird zu Ges7 ges-b-des-fes …
9	Bilden Sie den großen Durseptakkord einfach durch Ablesen der vier Buchstaben gr. Terz + kl. Terz + gr. Terz): Cmaj 7 = c–e–g–h
10	Bilden Sie entprechend auch den großen und kleinen Mollseptakkord und weitere Terzschichtakkorde des Jazz.
11	Spielen Sie alle gebildeten Akkorde auf Ihren Instrumenten, denken oder sprechen Sie die Notennamen dabei.
12	Erwerben Sie die Beherrschung besonders der Dur-, Moll- und Dominantseptakkorde wie einen Grundwortschatz.

Abi Tipp

ZUM ÜBEN VON DURTONLEITERN

1	Lernen Sie die **Durtonleitern** mit Betonung jeweils des dritten Buchstabens der Viertongruppe, auf den dann der Halbtonschritt folgt. z. B. c-d-**e**-f / g-a-**h**-c.
2	Lernen und spielen Sie die Tonleitern **chromatisch aufwärts:** C-Dur, Des-Dur …
3	**Lernen und spielen** Sie die Tonleitern abwärtsgerichtet im Quintenzirkel und chromatisch.
4	Bilden Sie **alle Molltonleitern**.
5	Spielen Sie die Leitern auf Ihren Instrumenten und sprechen oder denken Sie die Notennamen mit.
6	Beherrschen Sie alle **Tonleitern** wie einen **Grundwortschatz**.

Sept- und Nonakkorde

Schichtet man über einen Dreiklang eine dritte Terz, so erhält man einen **Septakkord** (g–h–d–f), bei zwei zusätzlichen Terzen (einen Nonakkord …), im vierstimmigen Satz oft ohne Quinte.

- **Dominantseptakkord: (D7)**, **kleiner Dur-Sept-Akkord** – Durdreiklang + kleine Terz, leitereigen auf der fünften Stufe der Durtonleiter und der harmonischen Molltonleiter, wirkt immer dominantisch

- Weitere wichtige **Septakkorde**:
  → **großer Dur-Sept-Akkord** – Durdreiklang + große Terz (D^{7+})
  → **kleiner Moll-Sept-Akkord** – Molldreiklang + kleine Terz (M^{7})
  → **großer Moll-Sept-Akkord** – Molldreiklang + große Terz (M^{7+})
  → **verminderter Septakkord** – drei kleine Terzen ($\not{D}^{9>}_{7} = D^{v} = V^{0}$)
  → **halbverminderter Septakkord** – verm. Dreiklang + große Terz ($\not{D}^{9}_{7}$)

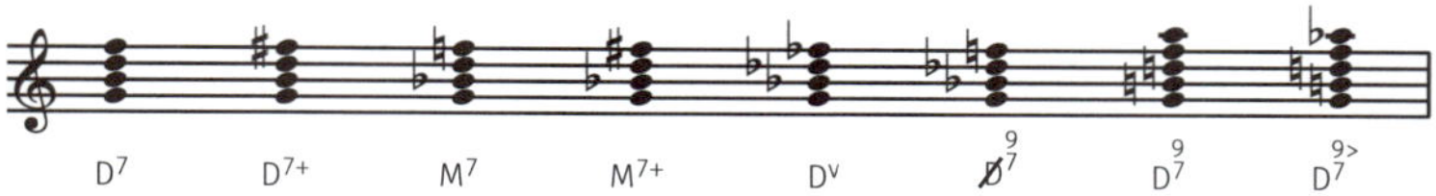

Sept- und Nonakkorde

- Die **Umkehrungen** der Septakkorde, Bezeichnung nach den Abständen der sich aus Grundton und Septton ergebenden Sekunddissonanz zum Basston:
  → **Quintsextakkord** – 1. Umkehrung, D^{7}_{3}
  → **Terzquartakkord** – 2. Umkehrung, D^{7}_{5}
  → **Sekundakkord** – 3. Umkehrung, D_{7}

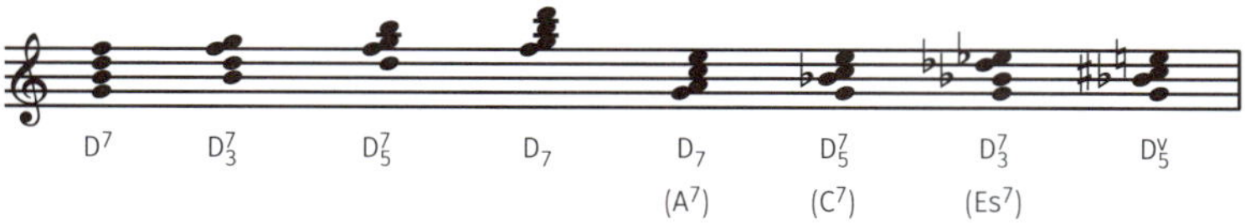

Umkehrungen der Septakkorde

Andere Mehrklänge

Sixte ajoutée: ein Durdreiklang mit (hinzugefügter) Sexte ist die typische Dissonanz der Subdominante. Er kann umgekehrt werden und wirkt immer subdominantisch.

Quartenakkorde: zu Beginn des 20. Jahrhunderts trifft man z. B. bei SKRJABIN oder SCHÖNBERG auf Akkorde aus übereinander geschichteten Quarten.

Akkorde der Ganztonleiter: Im Impressionismus wird häufig die Ganztonleiter verwendet (z. B. c – d – e – fis – gis – ais – his). Die resultierenden Akkorde sind übermäßig. Beim Septakkord (c – e – gis – his – drei große Terzen) wird oft die Septe enharmonisch vertauscht (c – e – gis – c). Klanglich unterscheiden sich die Umkehrungen nicht. Es gibt vier verschiedene Formen z. B. auf c, des, d und es.

Akkorde der Ganztonleiter

Abi Tipp

THEORIE UND PRAXIS

- → Verbinden Sie wann und wo immer möglich Erfahrungen aus Theorie und Praxis miteinander.
- → Kompliziertere Strukturen werden auch in der Musik in der Regel erst dann bewusst wahrgenommen, wenn sie bekannt sind, d. h. wenn sie vorher gelernt wurden. Dabei hilft Ihnen das Trainingsprogramm für Dreiklänge und Tonleitern.
- → Erkannte Strukturen führen zu einem Verständnis auf einer höheren Ebene. Nicht mehr Ton für Ton wird gelesen, sondern ein Tonleiterabschnitt oder ein Akkord. Ein Akkord wird nicht mehr als einzelner Klang wahrgenommen, sondern die harmonische Spannung eines ganzen Abschnitts wird vorausgehört, wie z. B. bei einem 12-taktigen Blues.
- → Auf einer höheren Ebene erkannte und trainierte Muster sparen Zeit beim Lesen und vor allem beim Üben.
- → Die Kenntnis der zugrunde liegenden Strukturen eines Werks bringt Klarheit und Eigenständigkeit für die musikalische Interpretation.

Akkordverbindungen

Schlussbildungen und Kadenz

Ganzschluss: Der Schlussakkord steht in der Tonika (Grundtonart).
authentischer Ganzschluss über die **Dominante – Tonika** (V ⇒ I),
Plagalschluss über die **Subdominante – Tonika** (IV ⇒ I)
Halbschluss: Ein musikalischer Abschnitt endet auf der **Dominante.**
Trugschluss: Auf eine Dominante folgt nicht die spannungslösende Tonika, sondern die **Tonikaparallele** (VI) oder ein anderer Akkord.

- **Kadenz:** Akkordfolge der Hauptstufen einer Tonart, in der Regel Tonika-Subdominante-Dominante-Tonika (I – IV – V – I)
- kürzeste Form **Dominante-Tonika** (authentischer Schluss) oder **Subdominante-Tonika** (plagaler Schluss); **erweiterte Kadenz:** beinhaltet auch Dreiklänge der Nebenstufen oder Zwischendominanten

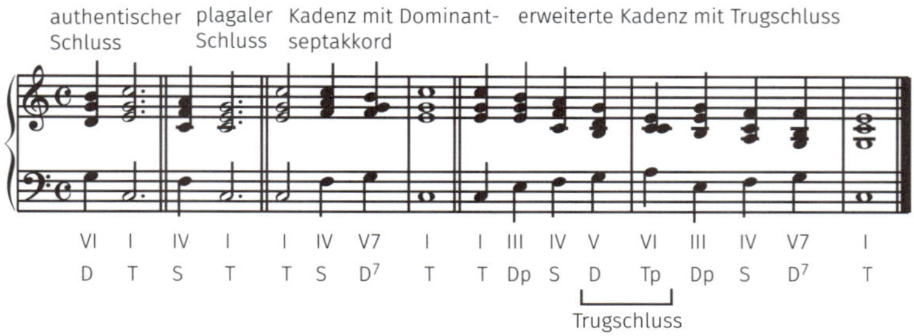

Kadenz, Schlussbildungen

Blueskadenz

In Rock- und Popmusik, vor allem aber im Blues selbst wird häufig das dreiteilige, 12-taktige **Bluesschema** eingesetzt, wobei es sich um eine aus den Hauptstufen bestehende Kadenz handelt.

T	T	T	T	S	S	T	T	D	S	T	T(D7)
1	2	3	4	5	6	7	8	9	10	11	12

Blueskadenz

Akkordsymbole in Pop und Jazz

- **Leadsheet:** Melodie mit darüber notierten Akkordsymbolen, genügt vielen Bands als Grundlage für Zusammenspiel und Improvisation
- **Akkordsymbole** bezeichnen das Tonmaterial des Akkords, lassen jedoch dem Spieler Freiheit in der ausführenden Gestaltung des Akkords.
- **Notationsweise** aus dem Amerikanischen ist international verbreitet, allerdings sind mehrere Schreibweisen in Gebrauch.
- **Großbuchstaben** bezeichnen den **Grundton des Akkordes**, also C D E F G A B (steht für H). Alterierte Grundtöne erhalten meist hochgestellt notierte Akzidentien (z. B. $C^{\flat}$ für Ces und $C^{\sharp}$ für Cis).
- **Slash-Akkord:** nach einem Schrägstrich angegebener Ton ist Basston, zeigt eine Umkehrung an oder ein akkordfremder Ton wird zum Bass-

ton (z. B. Dm/F – 1. Umkehrung von Dm mit F im Bass; Dm/E Dm über dem Basston E).

Dreiklangstyp	Akkordsymbol (von C als Grundton ausgehend)	Terzen + große Terz – kleine Terz	Notenbilder
Dur-Dreiklang untenstehende Terz groß (lat. major)	**C** Cma Cmaj	– + | g e c	
Moll-Dreiklang untenstehende Terz klein (lat. minor)	**Cm** Cmin cm c	+ – | g es c	
verminderter Dreiklang (diminished)	**C⁰** C^{dim} Cdim	– – | ges es c	
übermäßiger Dreiklang (augmented)	**C^{5+}** Caug C+	+ + | gis e c	

Dreiklänge

Septakkord	Akkordsymbol (von C als Grundton ausgehend)	Terzen	Notenbilder
großer Dur-Septakkord	**C^{maj7}** Cj7 CΔ $C^{\Delta 7}$	+ – + | h g e c	
kleiner Dur-Septakkord Dominantseptakkord	**C7** C^7	– – + | b g e c	
großer Moll-Septakkord	**Cm^{maj7}** Cm^{j7}	+ + – | h g es c	
kleiner Moll-Septakkord	**Cm7** Cm7 C-7	– + – | b g es c	

Septakkord	Akkordsymbol (von C als Grundton ausgehend)	Terzen	Notenbilder
halbverminderter Septakkord	**$Cm^{7(b5)}$** Cø $C^{ø}$	b + ges – es – c	
verminderter Septakkord	**C07** C^{07} C07	heses – ges – es – c	

Septakkorde

Terzschichtungs- und Spannungsakkorde (Tensions)

- Beim **Jazz** treten sehr oft weitere **Spannungstöne** hinzu, die vom Akkordgrundton nach oben gezählt werden.
- Die **7** nach dem Akkordgrundton meint **immer** die **kleine Septe** (Ausnahme: Beim verminderten Septakkord D^{07} bezeichnet es die verminderte Septe d (f–as–ces).
- Alle weiteren Zahlen 2, 4, 6, 9, 11, 13 bezeichnen große oder reine Intervalle. Die Oktave kann weggedacht werden, dann entspricht z. B. die 11 einer 4.
- Meist wird nur der oberste Ton einer Terzschichtung angegeben. C9 schließt also die 7 ein, Cm11 enthält 7 und 9.
- Nur die 11 darf bei Major- und Dominantseptakkorden nicht zusammen mit der Terz auftreten, wegen des Halbtonschritts zwischen Terz und Quarte.
- Die hochalterierte 11 kann jedoch problemlos eingesetzt werden, muss aber, wie alle Alterationen, benannt werden.
- **Alterationen** der hinzukommenden Töne werden durch vorgestelltes ♯, b, seltener durch +, – dargestellt

Add-, No- und Sus-Akkorde

- **add** fügt Töne hinzu, C^{add9} oder C^{add2} fügt nur die None zu einem Dreiklang hinzu, bei der 6 wird das add nur hinzugedacht (Sixt ajouteé).
- **no**: ein Ton soll entfallen, C^{no3}, terzloser Klang c – g.
- **sus4** (suspended), die 3 wird durch die 4 ersetzt (Quartvorhalt, oft nicht mehr aufgelöst)

Systeme der Harmonielehre

Die **Harmonielehre** und die darauf beruhende harmonische Analyse versucht als abstraktes System die Akkorde innerhalb des Dur-Moll-Systems zu analysieren und die Akkordfolgen zu interpretieren. Sie wird vor allem auf Musik des 17. bis 19. Jahrhunderts angewendet und ist nicht immer schlüssig.

Generalbass

- **Generalbass** (auch basso continuo, b. c.), Akkordkurzschrift des 17. und 18. Jahrhundert
- **durchlaufende Bassstimme** (Violoncello, Viola da gamba oder Fagott), darüber improvisierte **harmonische Füllakkorde** (Cembalo, Orgel)
- **leitereigener Dreiklang** über dem Basston, Abweichungen davon durch die Ziffern bezeichnet
- soll, phantasievoll improvisiert, den musikalischen Zusammenhang gewährleisten.
- heute oft Verwendung einer „ausgesetzten", gedruckten Fassung

Bezifferungen

- 3, 5, 8 oder fehlende Ziffer – Dreiklang in Grundstellung über dem Basston.
- ♯, ♭, ♮ verändern die Terz des Dreiklangs
- 4 – Quarte statt nicht erscheinender Terz
- 6 – Sexte statt Quinte, die nicht gespielt wird, Sextakkord, 1. Dreiklangumkehrung
- $\begin{smallmatrix}6\\4\end{smallmatrix}$ Terz und Quinte werden durch Quarte und Sext ersetzt, Quartsextakkord, 2. Dreiklangumkehrung
- Durchstreichen oder ♯ bei einer Ziffer – Erhöhung des Tones
- ♭ bei einer Ziffer – Erniedrigung des Tones
- $\begin{smallmatrix}6\\5\end{smallmatrix}$ Quintsextakkord, 1. Umkehrung eines Septakkordes
- Abkürzungen: $\begin{smallmatrix}6\\4\\3\end{smallmatrix}$ wird durch $\begin{smallmatrix}4\\3\end{smallmatrix}$ abgekürzt – Terzquartakkord, 2. Septakkordumkehrung;
  $\begin{smallmatrix}6\\4\\2\end{smallmatrix}$ wird durch 2 abgekürzt – Sekundakkord, 3. Umkehrung
- waagrechter Strich – gleiche Harmonie bei wechselndem Bass
- o oder t. s. – tasto solo, nur Basston ohne Harmonisierung

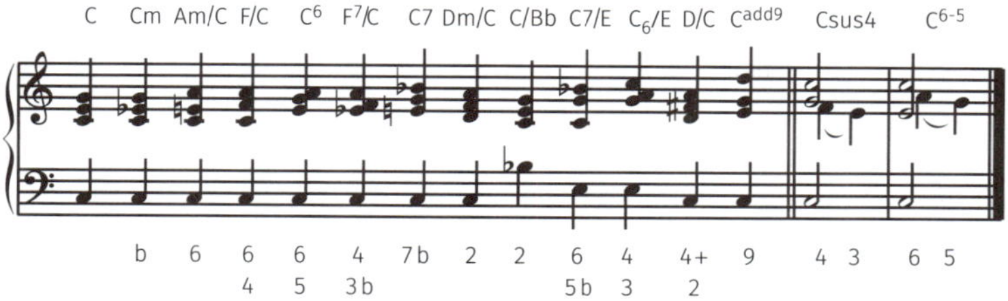

Generalbassbezifferungen und Akkordsymbole

- **Stufentheorie**
- nennt in römischen Zahlen die Stufe des Akkordes in Grundstellung, rechts daneben die Ziffern des Generalbasssystems.

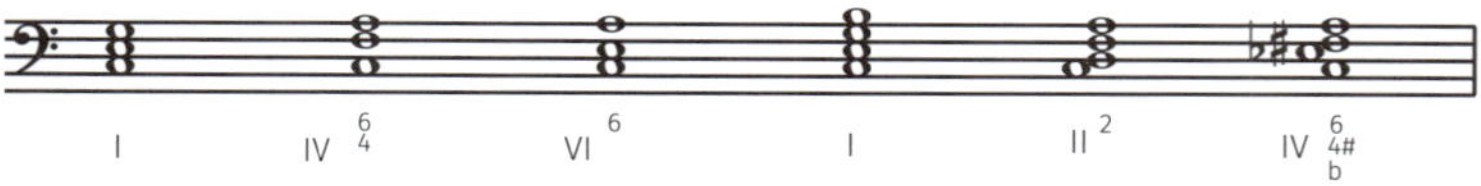

Kadenz, Schlussbildungen

Funktionstheorie

- deutet alle harmonischen Vorgänge als Abwandlungen der drei Hauptfunktionen Tonika, Subdominante und Dominante
- Wichtige Töne werden analog zu den Generalbassziffern rechts oben neben dem Funktionssymbol notiert.
- Bei Umkehrungen des Akkords steht die Ziffer des Basstons rechts unten (z. B. Dominantseptakkord in erster Umkehrung, D^7_3 mit Terz im Bass).
- Klänge in Klammern sind auf andere Funktionen bezogene Zwischenfunktionen.
- Erscheint der erwartete Klang nicht, wird er daneben in eckigen Klammern angezeigt.
- Verminderte Dreiklänge werden als Dominantseptakkorde mit fehlendem Grundton interpretiert (z. B. verminderter Dreiklang h–d–f wird als verkürzter Dominantseptakkord g – h – d – f interpretiert; Symbol: $\not{D}^7$)

Modulation

- Den **dauerhaften Wechsel** von einer Tonart in eine andere nennt man **Modulation**. Wird die neue Tonart nur kurzfristig erreicht, spricht man von **Ausweichung**, stehen die Tonarten unverbunden nebeneinander, von **Rückung**.
- Dreiklänge sind im Dur-Moll-System funktional mehrdeutig und können daher umgedeutet werden.

Modulationsweg: In der gefestigten Ausgangstonart wird ein Akkord gesucht und umgedeutet, der auch in der neuen Tonart vorhanden ist. Abgeschlossen wird die Modulation durch eine die Zieltonart bestätigende Kadenz.
Der **C-Dur-Dreiklang** ist in der Tonart:

- C-Dur: **Tonika**
- G-Dur: **Subdominante** (IV)
- F-Dur und f-Moll: **Dominante** (V)
- a-Moll: III. Stufe (tP)
- e-Moll: VI. Stufe (sP)
- H-Dur und h-Moll: **Neapolitaner** auf der tiefalterierten II. Stufe

Die wichtigsten Modulationsarten

- Die **diatonische Modulation** durch funktionale Umdeutung der in den diatonischen Skalen vorkommenden Tonarten, z. B. der Dominante von C-Dur (g–h–d) zur Subdominante von D-Dur.
- Die **erweiterte diatonische Modulation** mit Umdeutung des Neapolitaners oder der Mollsubdominante (z. B. von C-Dur f–as–c zur Tonikaparallele von As-Dur).
- Im Beispiel wird die Subdominante von G-Dur (e–g–c) zum Neapolitaner in h-Moll. .

REGER, *Sonatine*

Der **Wechsel des Tongeschlechts**. Auf eine Durtonart folgt die gleichnamige Molltonart (gleicher Grundton) oder umgekehrt. .

Dvořák, Slawischer Tanz Nr. 8

- Die **chromatische Modulation** durch chromatisch veränderte Töne in den Akkorden. Zum Beispiel entsteht durch Hochalterieren (chromatische Erhöhung) des Grundtons eines Dominantseptakkords (c–e–g–b) ein verminderter Septakkord (cis–e–g–b);
- Die **enharmonische Modulation** durch enharmonisches Umdeuten von Tönen (in temperierter Stimmung gleich klingende, aber unterschiedlich bezeichnete Töne, z. B. e = fes = disis). Im Beispiel wird der gis-Moll-Dreiklang, der als Tonikaparallele auf den Dominantseptakkord (fis–ais–cis–e) von H-Dur enharmonisch folgt, umgedeutet als Molltonika as-Moll:

Schubert, Impromptu op. 90 Nr. 4

Umdeutungsakkorde

- **verminderter Septakkord** mit vier Umdeutungsmöglichkeiten (gis–h–d–f = as–h–d–f = as–ces–d–f = gis–h–d–eis)
- **übermäßiger Dreiklang** mit hochalterierter Quinte: (d–fis–ais (D-Dur) = b–d–fis (B-Dur) = ges–b–d (Ges-Dur))

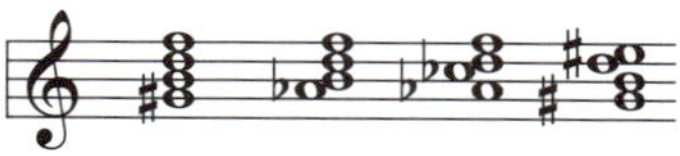

Umdeutungsakkorde: verminderter Septakkord

Umdeutungsakkorde: übermäßiger Dreiklang

Satztypen und Gliederung

Satztechniken

- **Bordun:** ein oder mehrere tiefe Liegetöne, die das melodische Spiel als Bassfundament begleiten, z. B. durch Drehleier oder Dudelsack erzeugt
- **Orgelpunkt:** ein lang ausgehaltener oder ständig wiederholter Basston, über dem auch entfernte Tonarten erklingen können, oft als Steigerung an Werkschlüssen, harmonische Spannung steigert Wirkung der Schlusskadenz

Polyphonie – Homophonie

- **Polyphonie:** selbstständige Führung von Einzelstimmen im linear-kontrapunktischen Verlauf, horizontaler Stimmverlauf mit melodischen Abschnitten hat Vorrang vor vertikaler harmonischer Struktur
- **Homophonie:** meist melodisch führende Oberstimme im gleichen Rhythmus akkordweise von weiteren Stimmen begleitet (z. B. mehrstimmiger Kantionalsatz oder akkordisches Männerchorlied der Romantik).
- **Heterophonie** (Verschiedenstimmigkeit): zwischen Ein- und Mehrstimmigkeit liegende Musizierpraxis, gleichzeitiges Umspielen und Verzieren einer Melodie auf weiteren Instrumenten

Motiv und Verarbeitung – Thema

- **Motive:** kleinste musikalische Gestalteinheiten mit speziellen melodischen, rhythmischen und harmonischen Merkmalen, erliegen im musikalischen Satz vielfachen Verwandlungen wie **Aufspaltung, Änderung der Intervallstruktur oder des rhythmischen Verlaufs, Kombination** mit anderen teilweise gegensätzlichen Motiven.
- **Phrase:** meist zweitaktig, nächstgrößere Einheit nach dem Motiv
- **Motivisch-thematische Verarbeitung,** wichtiges Merkmal größerer Instrumentalwerke der klassisch-romantischen Musik sowie im Musikdrama bei Wagner als **Leitmotive**

- Bei der **Untersuchung und Beschreibung eines Themas** oder eines **Motivs** wirken melodische und rhythmische Elemente zusammen:
- **Melodik:** beschreibt den für die Komposition **typischen Tonhöhenverlauf:**
  - → **Eintonmelodie:** Tonhöhe bleibt im Wesentlichen auf einem Ton
  - → **Stufenmelodik**: Melodie tonleiterartig aus Sekundschritten
  - → **Sprungmelodik**: aus Terzen und größeren Intervallen, gegebenenfalls **Dreiklangsmelodik**
- **rhythmisches Motiv**: mehrfache Verwendung einer einprägsamen rhythmischen Formel
- **Thema**: Ein meist aus mehreren Motiven zusammengesetzter, prägnanter musikalischer Gedanke, der auf die weitere Verarbeitung und Wiederkehr hin angelegt wurde, Gestalt und Funktion ist von Gattung, Epoche, Kompositionsstil und der geplanten weiteren Verwendung abhängig
- **Soggetto**: (ital.: Subjekt) typisch für kontrapunktische Werke (Ricercar, Fuge) der Barockzeit, gekennzeichnet durch einen markanten Themenkopf und eine fließend unscharfe Weiterführung
- **Periode**: typische, meist 8-taktige, prägnante, symmetrisch gegliederte und harmonisch kadenzierende Sinneinheit, gebildet aus zwei Halbsätzen **(Vordersatz und Nachsatz)**
- **Satz**: Eine in der Regel 8-taktige Einheit mit entwickelndem, sich öffnendem Charakter, auf eine Phrase folgt deren Wiederholung, danach ein Entwicklungsteil auf der motivischen Basis der Anfangsphrase.
- Nächstgrößere Einheiten: **Teil** im Sinne eines größeren Formabschnitts innerhalb einer Komposition (z. B. Exposition) sowie **Satz**, in einer zweiten Bedeutung für ein selbstständiges, abgeschlossenes Musikstück in einer mehrsätzigen Komposition verwendet.

Motivische Verarbeitungstechniken:

- **Umkehrung:** Die Bewegungsrichtung der Intervalle wird vertauscht, aus einem Sprung nach oben wird ein Sprung nach unten (horizontale Spiegelung).
- **Krebs:** Melodische Strukturen werden in rückläufiger Leserichtung von hinten nach vorn verwendet (vertikale Spiegelung).
- **Engführung:** Wiedereintritt eines Motivs oder Themas meist in polyphonen Werken, bevor dieses in einer anderen Stimme beendet wurde. Sie bildet ein wichtiges Steigerungsmittel der polyphonen Satzkunst

- **Augmentation/Diminution:** Die Tondauern eines melodischen Abschnitts werden vervielfacht oder geteilt, meist jedoch verdoppelt bzw. halbiert.

GRUNDLAGEN — Checkliste

Verbessern Sie deren Beherrschung stetig und kontinuierlich über einen längeren Zeitraum.

→ Lesen im Violin- und Bassschlüssel in der Geschwindigkeit, in der Sie ein Stück spielen oder singen – langsam auch im C-Schlüssel
→ Quintenzirkel mit Vorzeichen und zugehörigen parallelen Dur- und Molltonarten beherrschen
→ Tonleitern in allen Dur- und Molltonarten (Buchstaben) auf- und abwärts singen und spielen können
→ Leittöne zu allen Dur- und Molltonarten
→ Intervalle bilden, bestimmen und hören
→ Konsonanz und Dissonanz
→ Drei- und Vierklänge bilden, bestimmen und hören
→ Hauptdreiklänge in allen Dur- und Molltonarten mit Umkehrungen
→ Dominantseptakkorde zu allen Dur- und Molltonarten auswendig, auch in Umkehrungen
→ leitereigene Dreiklänge aller Durtonarten
→ Kadenzen und Schlussbildungen
→ Regeln der Akkordverbindungen kennen und anwenden
→ verminderte Septakkorde (auf allen Leittönen)
→ Generalbassbezeichnungen kennen und anwenden
→ Akkordsymbole kennen und verwenden
→ Akkordsymbole mit Erweiterungen
→ Funktionsbezeichnungen und Stufenbezeichnungen für Akkorde
→ Kirchentonarten erkennen, bilden, singen, transponieren
→ Ausschnitte aus gesungenen oder gespielten Werken aus dem Gedächtnis notieren – Tonhöhe und Rhythmus, vergleichen, verbessern (auch transponiert)
→ Modulation
→ Medianten
→ Begriffe zu Motiv und motivischer Verarbeitung
→ Begriffe der formalen Gliederung: Satz, Thema, Periode ...
→ transponierende Instrumente

VOKALMUSIK – LIED UND SONG

2

Übersicht zu Lied und Song

ZENTRALER BEGRIFF: VOKALMUSIK

Unter **Vokalmusik** versteht man im Gegensatz zur Instrumentalmusik die gesamte Vielfalt an Musik, in welcher die menschliche Stimme mitwirkt. In diesem Kapitel werden verschiedene Formen von begleiteter und unbegleiteter, ein- oder mehrstimmiger weltlicher Vokalmusik dargestellt. Weitere vokale Formen finden Sie in → *Kapitel 3, Oper* und → *Kapitel 4, Geistliche Musik*.

Erscheinungsformen weltlicher Vokalmusik	
Lied	• gesungener Text, beiläufig improvisiert bis detailliert geplante und notierte Kunstäußerung im Konzertsaal • oft als Verbindung von Gedicht und passender Melodie in Strophenform als Volkslied oder Kunstlied, bisweilen auch rein instrumental
Chanson	• **die Chanson:** im franz. Mittelalter weltliches Lied, ab 13. Jh. dreistimmige Komposition mit liedhafter Oberstimme • im 20. Jh. **das Chanson:** Lieder oft mit politischem oder sozialkritischem Inhalt nach französischem Vorbild
Tenorlied	• ursprünglich ein **Sololied** mit Begleitung • Melodie (cantus firmus) im mehrstimmigen A-cappella-Satz im Tenor.
Madrigal	• **mehrstimmige Vokalvertonung** mit weltlicher Lyrik, dreistimmig ab dem 14. Jh. • vier- und mehrstimmig ab dem 16. Jh. mit reicher harmonischer und tonmalerischer Textausdeutung (Madrigalismen) • **Motette**: Gegenstück mit geistlichem Text
Klavierlied	• kunstvolle Vertonung eines Gedichts für Solostimme und Klavier, Hauptgattung der Romantik

Erscheinungsformen weltlicher Vokalmusik	
Orchesterlied	• um 1850 durch **Übertragung von Klavierliedern** für das Orchester • entstanden, um die große Lyrik durch die vielseitigeren Differenzierungsmöglichkeiten der orchestralen Begleitung einem breiteren Publikum nahebringen zu können
Ballade	• ab 1770 die **Vertonung epischer Erzählungen** für Gesang oft mit tonmalerischer Klavierbegleitung, auch erzählende Instrumentalmusik • in der Pop-Musik ein lyrisches, oft nur instrumental vorgetragenes Stück
Song	• im Englischen allgemein die Verbindung von Text und Musik • im Deutschen ein etwas ungenauer Begriff für heutige fremdsprachige und deutsche Lieder wie etwa Folksong, Gospelsong oder Protestsong
Blues	• eng mit den Lebensverhältnissen der afroamerikanischen Bevölkerung in den USA verbundene poetisch-musikalische Ausdrucksform mit charakteristischer Gestaltung von Text, Melodie, Harmonik und Form
Rap	• schneller rhythmisierter Sprechgesang

Volkslied

- ursprünglich mündlich überliefert
- wurde vermutlich zu allen Zeiten und von allen Völkern gesungen
- Untergliederung: Arbeitslied, Soldatenlied, Wiegenlied, Kinderlied, Wanderlied, Tanzlied ...
- spiegelt die Vielfalt seiner Funktionen und sozialhistorischen Umgebungen wider

Mittelalterliches Lied

- Weltliche Lieder treten neben die von lateinischen Dichtungen ausgehenden einstimmigen geistlichen Gattungen Hymnus und Sequenz.
- reiche, in den Formen vielfältige weltliche Liedkunst der Troubadours, Trouvères, Minnesänger (später der Meistersinger)
- ab 1200 mehrstimmige Liedformen: Conductus, Rondeau und die Motette der Ars antiqua.

Lied um 1400

- französisches Diskantlied im Kantilenensatz (gesungene Hauptstimme über dem Tenor) mit den Refrainformen Rondeau, Ballade, Virelai.
- im Trecento Italiens (1330 – 1420) eine reiche weltliche Liedtradition mit den Formen Ballata, Caccia und Madrigal

Musik und Sprache

Musik und Sprache im Abitur

Abituraufgaben über die vielfältigen Zusammenhänge zwischen Musik und Sprache sind beliebt, da grundlegende Informationen auf der sprachlichen Ebene z. B. zu Versmaß, Reimschemata, rhetorischen Figuren usw. aus dem Sprachunterricht bekannt sind und musikalische Analogien zu emotionalen oder semantischen Sprachinhalten gebildet werden können.

- Bei den Überlegungen, inwieweit musikalische Elemente wie Taktart, Tempo, Tonart, Melodik, Rhythmik, Harmonik, Satzstruktur und instrumentale Begleitung in Klavier, Orchester oder Band die inhaltlichen oder emotionalen Textaspekte nicht nur transportieren, sondern ausdeutend verstärken, ist es vorteilhaft ein gattungsgeschichtliches Wissen zu besitzen und bereits an ähnlichen Beispielen Erfahrung gesammelt zu haben.
- Sie sollten in der Lage sein, das den Text ausdeutende Besondere von dem in Epoche und Kompositionsstil Normalen zu unterscheiden. Dabei kann es sich z. B. um eine besonders hohe oder tiefe Lage, um eine charakteristische melodische Formel, um eine melodische oder harmonische Dissonanz, um ein typisches Begleitmuster oder um eine spezielle Satztechnik handeln.
- In den unten angegebenen Kapiteln finden Sie jeweils einen kurzen geschichtlichen Überblick, sowie eine Reihe von erläuterten Beispielen. Auch in den anderen Themenbereichen wie z. B. Musik und Politik, Musik und Tradition oder Musik und Religion werden Sie vermutlich zunächst Zusammenhänge zwischen Musik und Sprache untersuchen und diese danach in gesellschaftlicher, politischer und weltanschaulicher Hinsicht ordnen, kommentieren und bewerten.

- Notieren Sie zunächst alle für die Fragestellung als relevant erkannten Fakten zu den musikalischen Elementen, die auch von anderen Teilnehmern wahrgenommen werden können.
- Formulieren Sie erst danach ausdeutende Vermutungen. Sollten diese danebenliegen, werden Sie in der Regel für die korrekte Beschreibung relevanter Fakten dennoch Punkte erhalten, wenn die Aufgabenstellung dies erlaubt.
- Nehmen Sie sich ausreichend Zeit, die Aufgabenstellung und weitere Angaben wie Liedtexte, Zitate, Erläuterungen vor der musikalischen Analyse im Detail wahrzunehmen und eventuell in Ihre Sprache zu übersetzen, da diese oft bereits Lösungshinweise enthalten und die Aufmerksamkeit auf die relevanten Details lenken sollen.
- Zu den mit Sprache verbundenen Gattungen finden Sie weiterführende Informationen und erläuterte Beispiele in den Kapiteln: *3 Oper*: Rezitativ, Arie; *4 Geistliche Musik*: Psalmodie, Hymnus, Motette, Messe, Oratorium, Kantate.

Abi Tipp

IN ZUSAMMENHÄNGEN LERNEN

In einer chronologisch aufgebauten Darstellung stünden die beiden Abschnitte „mittelalterliche Liedformen" und „Chanson, Tenorlied und Madrigal" im Zusammenhang mit den entsprechenden Epochen, in welchen selbstverständlich auch geistliche und weltliche Lieder gesungen wurden.

- Wiederholen Sie zur Festigung und Erweiterung auch die beiden Abschnitte „Gregorianik und Vokalpolyphonie" in Kapitel 4.
- Erweitern Sie Ihr bewusstes Repertoire durch Nachfragen und Nachschlagen.

Chanson, Tenorlied, Madrigal (15./16. Jh.)

Die französische Chanson

ist die beherrschende Liedform dieser Epoche, ein geselliges Lied mit unterschiedlichem Charakter. Sie ist drei- bis sechsstimmig, oft mit eingestreuten Deklamationsteilen.

Orlando di Lasso – Chanson *Bonjour, mon coeur*

- überschwänglicher Morgengruß eines Verliebten an seine Angebetete
- Wiederholung der ersten fünf, bis auf den Schluss weitgehend homophonen Takte mit neuem Text
- deutlich durch Pausen und kleinere Rhythmuswerte (Achtel) deklamatorischer gestalteter Folgeabschnitt *Hé, bonjour …*
- reiche und farbige Harmonik auf der Grundlage der Kirchentonart mixolydisch (Grundton f, einen Ganzton tiefer transponiert)
- Charakteristisch für die harmonische Wirkung ist die Verwendung der beiden dominantisch aufhellenden Durakkorde C-Dur auf die betonte Silbe von **bel**le und G-Dur bei *ma mignar**di**se*.

Tenorlied

- zu finden in Liedersammlungen wie dem *Lochamer* oder dem *Glogauer Liederbuch* (um 1480)
- ursprünglich ein **Sololied** mit Begleitung
- Melodie (cantus firmus) im Tenor, die anderen untextierten Stimmen konnten gesungen oder gespielt werden.
- Bis Mitte des 16. Jahrhunderts entwickelte sich das Tenorlied zum ausgeglichenen A-cappella-Satz, in dem alle Stimmen textiert waren und motivisch gleichberechtigt am Satz teilnahmen.
- wichtige Komponisten: Isaac, Senfl und Hofhaimer.

Tenorlied *Ich sag ade*

- Der erste Abschnitt des Niederländischen Volkslieds *Ich sag ade* aus Band II von Forsters Liedersammlung *Ein Außzug guter alter und neuer teutscher Liedlein* (1540) ist polyphon.
- Der Sopran wiederholt den im Tenor liegenden **cantus firmus (c. f.)** wörtlich.
- Im zweiten Teil wird der zweistimmig homophone Abschnitt der Frauenstimmen *Ich lass bei dir* ... von Tenor und Bass wörtlich imitiert.
- Der **cantus firmus** steht in der Tonart G-Dur, der Satz verwendet die leitereigenen Harmonien von G-Dur.

Niederländisches Volkslied

Madrigal

- im 16. und frühen 17. Jahrhundert in Italien das **weltliche Gegenstück zur Motette**
- vertont vor allem Texte von PETRARCA und BOCCACCIO, den bekanntesten Madrigaldichtern des 14. Jahrhunderts
- als Kunst für Kenner (musica riservata) solistisch aufgeführt
- Mitwirkung von Instrumenten nach Belieben

MONTEVERDI - Madrigal *Lasciate mi morire*

- MONTEVERDIS eigene Bearbeitung als Madrigal *Lasciate mi morire (Lasst mich sterben)* aus dem VI. Madrigalbuch (1614)
- ursprünglich monodische Klage der Ariadne aus der nur fragmentarisch erhaltenen Oper *Arianna* (Mantua 1608).
- Alle Stimmen sind motivisch beteiligt.
- Die expressive Wirkung wird erreicht durch Chromatik, Gegenbewegung, den Abstieg der Melodie und die ruhende Schlusskadenz auf morire.
- Um auf die originale Notation in Stimmen und Mensuralnotation hinzuweisen, in welcher noch keine Taktstriche existierten, wurde das Notenbeispiel mit Mensuralstrichen (senkrechte Ordnungsstriche nicht in, sondern zwischen den Notenzeilen) notiert.

- Aneinanderreihung kleiner, unterschiedlich vertonter Textabschnitte
- bildhafte Vertonung geeigneter Textstellen (imitar le parole)
- Textausdeutungen durch ungewöhnliche musikalische Wendungen und Tonmalereien nahmen in der Blütezeit ab 1550 stetig zu und wurden Madrigalismen genannt.
- Führende Komponisten: LASSO, PALESTRINA und GABRIELI.
- Das Madrigal des späten 17. Jahrhunderts mit GESUALDO, MARENZIO und MONTEVERDI war äußerst kühn und expressiv, vor allem im Bereich der Harmonik und der textausdeutenden Chromatik.
- In MONTEVERDIS V. Madrigalbuch tauchen im monodischen Stil die neuen Madrigaltypen **generalbassbegleitetes Solomadrigal** und **konzertantes Madrigal** auf.
- Eine geistliche Kontrafaktur (mittellat.: nachahmen, seit dem Mittelalter übliche Übernahme oder Bearbeitung meist weltlicher Melodien als geistliches Lied) MONTEVERDIS erschien 1641 als *Pianto della Madonna sopra il Lamento d'Arianna* mit dem lateinischen Text „Iam moriar mi fili, quisnam poterit mater consolari ... – Ich werde sterben, mein Sohn. Wer denn kann mich als Mutter trösten in meinem Schmerz ...".
- Thematisch zusammenhängende Madrigale wurden auch zu **Madrigalkomödien** zusammengefasst (→ Seite 61).
- Madrigalkompositionen entstanden auch in England (BYRD, MORLEY, WEELKES) und Deutschland (LECHNER, HASSLER, SCHÜTZ).

Klavierlied

2. Berliner Liederschule

- **klavierbegleitetes Lied:** entwickelte sich in der Mitte des 18. Jahrhunderts zu einer zentralen Gattung
- durch SCHULZ, REICHARDT, ZELTER, den Begründern der Männerchortradition (Liedertafel)
- Die Melodie *Der Mond ist aufgegangen* aus der Liedersammlung von SCHULZ *Lieder im Volkston* ist beispielhaft für bewusste Schlichtheit und Volkstümlichkeit.
- Ideale: Einfachheit, Volkstümlichkeit und Natürlichkeit, Geschlossenheit und Strophenform
- Im Werk der Wiener Klassiker ist das Lied vorhanden, jedoch nicht von zentraler Bedeutung.
- **BEETHOVENS** Zyklus *An die ferne Geliebte* gilt als erster bedeutender **Liederzyklus**.

ZELTER – Klavierlied *Es war ein König in Thule*

ZELTERS Vertonung des Gedichts von GOETHE entspricht dessen Idealvorstellungen einer Gedichtvertonung.

- Musik in allen Strophen gleich, Form des Gedichts bleibt dadurch erhalten (→ **Strophenlied**)
- Begleitung stützt die Liedmelodie durch gleichen Rhythmus und einfache Harmonik aus der Tonart A-moll
- Gesangsmelodie wird im Bass der Klavierbegleitung mitgespielt
- akkordisches Klaviernachspiel verstärkt den melancholischen Gehalt des Gedichts; Schluss in A-Dur (→ **Picardische Terz**)

ZENTRALER BEGRIFF: KUNSTLIED

- allgemein: Lied, das den Kunstwillen eines Komponisten zum Ausdruck bringt im Gegensatz zum Volkslied
- **Klavierlied der Romantik**
- **Liedformen:**
  - → **Strophenlied:** gleiche Vertonung zum wechselnden Strophentext
  - → **variiertes Strophenlied:** Änderungen nur bei wichtigen Details des Gedichtes
  - → **durchkomponiertes Lied:** Gestaltung von Melodie und Klaviersatz spürt den Einzelheiten nach; die Form des Gedichts wird dabei oft verändert.
- **Liederzyklus:** eine Reihe von zusammen gehörenden, aufeinander bezogenen Liedern; oft auf Grundlage eines Gedichtzyklus

Kunstlied – Klavierlied der Romantik

- **SCHUBERT:** Schöpfer einer eigenständige Kunstgattung
- Vollender der Gattung **Kunstlied (romantisches Klavierlied)** gemeinsam mit anderen großen Liedkomponisten
- Ursprünglich für das häusliche Musizieren gedacht, wird es auch im Konzert dargeboten.
- **Klavier und Singstimme gleichberechtigt** bei der Ausdeutung der poetischen Grundstimmung und der Einzelmerkmale des Gedichts
- Das klassische Ideal des Strophenliedes (GOETHE) wird durch das romantische Interesse am Einzelnen in Richtung Durchkomposition gedrängt.
- Begriff **„Lied“** auch Gattungsbezeichnung im Englischen

- **SCHUBERT** schrieb über 660 Lieder mit großer Spannweite des Ausdrucks; verwendete zeitlich unabhängig alle Formen vom Strophenlied bis zum freien Verlauf.
- Erste, mit 17 Jahren (1814, 1815) geschriebene Lieder: *Gretchen am Spinnrad, Erlkönig, Heidenröslein* treffen den romantischen Ton in Vollendung.
- meist schlichter Melodieverlauf
- Situation und spezieller Stimmungsgehalt des Gedichts werden gemeinsam mit der Klavierbegleitung sicher interpretiert.
- Liederzyklen nach Texten von WILHELM MÜLLER: *Die schöne Müllerin (1823), Winterreise (1827)*

- **ROBERT SCHUMANN** bevorzugte bei seinen Liedvertonungen romantische Dichter (HEINE, EICHENDORFF),
- betonte eher Details; wertete die Klavierstimme auf, z. B. in langen Vor- und Nachspielen.
- Zyklen im Liederjahr 1840: *Liederkreis, Dichterliebe, Frauenliebe und -leben*

- **HUGO WOLF:** zusammengedrängte Form, ausdrucksstarke Textdeklamation auf Grundlage eines psychologisch ausdeutenden Klaviersatzes
- Zyklen: *Mörike-Lieder (1888), Goethe-Lieder (1888/89), Spanisches Liederbuch (1889/90) und Italienisches Liederbuch (1891 und 1896)*

- **JOHANNES BRAHMS:** reiches Liederschaffen, eher am Vorbild des Volkslieds orientiert, heitere und schwermütige Melodien, einfachere, sich unterordnende Begleitung; schrieb und bearbeitete Volkslieder für Solisten, Ensembles und Chor
- *Wiegenlied, Vergebliches Ständchen, Zyklus: 4 ernste Gesänge (1896)*

SCHUBERT – Klavierlied: *Gretchen am Spinnrade*

- Gretchengedichte aus GOETHES *Faust*
- Klaviersatz neben der Melodie gleichberechtigter Bestandteil
- auf- und absteigende Sechzehntel der rechten Hand – die Kreisbewegung des Spinnrads;
- pochender Rhythmus der linken Hand – eventuell antreibende Fußbewegungen oder pochender Herzschlag
- kurzes Vorspiel führt in die Stimmung ein

Kurzbiografie: FRANZ SCHUBERT, 1797 bis 1828

„Wie von ferne leise hallen mir noch die Zaubertöne von MOZARTS *Musik. Sie zeigen uns in den Finsternissen dieses Lebens eine lichte, helle, schöne Ferne, worauf wir mit Zuversicht warten."*

- SCHUBERT hatte nur selten ein Klavier zur Verfügung.
- Er komponierte rasch, ganz aus der Vorstellung vor allem für die „Schubertiaden", einen regelmäßigen Freundestreff zu Lektüre, Musik, Tanz, Wein und Ausflügen.
- 1808 –1813 Sängerknabe im Konvikt der Wiener Hofkapelle mit Unterricht in Orgel, Klavier, Kontrapunkt durch SALIERI u. a.
- 1813 –1816 angehender Lehrer in Lichtental, lebte dann als Künstler in Wien meist bei einem Freund
- erfolglose Bewerbungen als Kapellmeister

Große Zahl von **Werken** (Deutsch-Verz. bis Nr. 998) aus allen Bereichen: *Forellenquintett* (1818); 22 Sinfonien, Nr. 7 h-Moll *Unvollendete*; Streichquartett *Der Tod und das Mädchen (1824);* Singspiele, Opern, 6 Messen, Kammer- und Klaviermusik

BRAHMS – Chorlied *In stiller Nacht*

- bewusst volksliedhaft schlicht geführte Melodie
- vierstimmiger gemischter Chor A-cappella
- der zweite Akkord zeigt besondere Wirkung (as–ces–es–f, Mollsubdominante in Es-Dur mit hinzugefügter Sexte (→ **Sixte ajoutée**))

Kurzbiografie: JOHANNES BRAHMS, 1833 bis 1897

- 1853 Konzertreise mit dem Geiger REMÉNYI; Freundschaft mit CLARA und ROBERT SCHUMANN; dieser lobte BRAHMS' *ganz genialische(s) Spiel, das aus dem Clavier ein Orchester von weh-klagenden und laut jubelnden Stimmen machte.*
- ab 1863 als freischaffender Komponist in Wien
- 1863–64 Chormeister der Wiener Singakademie
- 1872–75 künstlerischer Leiter der *„Gesellschaft der Musikfreunde"* Wien; zahlreiche Konzertreisen als Pianist und Dirigent

Werke: *Ein deutsches Requiem* (1868); *Ungarische Tänze* (1869/80), *Liebeslieder-Walzer* (1869/75);
1. Sinfonie, knüpfte nicht an frühromantische Sinfonien, sondern bei BEETHOVEN an; *Violinkonzert D-Dur* (1877 – 79);
4. Sinfonie e-Moll (1885) mit Finalsatz als Chaconne über das Bassthema des Schlusschors *Meine Tage in dem Leiden* aus BACHS Kantate BWV 150.

Orchesterlied

- Das orchesterbegleitete Lied entstand um 1850 durch Übertragung von Klavierliedern für das Orchester
- Ziel: die große Lyrik durch die vielseitigeren Differenzierungsmöglichkeiten der orchestralen Begleitung einem breiteren Publikum nahezubringen (LISZT, BRAHMS, WOLF, DVOŘÁK).
- wird gegen Ende des 19. Jahrhunderts vor allem durch R. STRAUSS und MAHLER (*Lieder eines fahrenden Gesellen, Kindertotenlieder* und Zyklus *Lied von der Erde*) zur selbstständigen Gattung
- verliert um 1925 mit dem Aufkommen des Neoklassizismus an Bedeutung

Lieder in MAHLERS Sinfonik

- Seine Sinfonik entwickelte sich aus seinen Liedkompositionen.
- Zu seiner ersten bedeutenden Komposition *Lieder eines fahrenden Gesellen* dichtete er selbst die Texte.
- Die Melodie zum 2. Lied *Ging heut morgen übers Feld* verwendet er in seiner ersten Sinfonie.
- Auch im *Lied von der Erde* ist die Verwendung volksliedhafter Melodik deutlich erkennbar.

MAHLER, Das Lied von der Erde

Ballade und Song

- **Ballade**: Wortstamm *balar* – tanzen; zunächst ein volkstümliches strophisches Tanzlied des Mittelalters, danach eine Gattung der Troubadours, im 14. und 15. Jahrhundert auch der mehrstimmigen Musik
- nach 1770 die Vertonungen epischer Erzählungen mit tonmalerischer Klavierbegleitung
- in der Romantik Balladen für Sologesang mit Klavier (z. B. *Der Erlkönig* von REICHARDT, SCHUBERT, LOEWE), für Chor, aber auch für Klavier solo (CHOPIN, BRAHMS) und für Orchester ohne Gesangspart.
- in der Pop-Musik ein oft nur instrumental vorgetragenes, melancholisches, lyrisch-getragenes Stück

- **Song** (engl.: Lied, Gesang): relativ ungenauer Begriff für heutige fremdsprachige und deutsche Lieder wie etwa Folksong, Gospelsong oder Protestsong
- im Englischen die Verbindung von Text und Musik ohne festgelegte musikalische Begleitung
- variiert in der Gestaltung von nach Akkordsymbolen improvisierter Gitarrenbegleitung bis zum stilistisch und klanglich ausgefeilten Arrangement einer Live-Band oder dem perfektionierten Studiosound
- **Liedermacher** (engl. - Singer-Songwriter, frz. – Chansonnier, it. – Cantautore) schreiben und singen Texte und Musik selbst; wirken dadurch authentisch.
- Diese erzählen Geschichten oder machen Poesie, singen, auch in verschiedenen Mundarten, über Politik, gesellschaftliche Missstände, über ihren Glauben, über Persönliches, bisweilen humorvoll-ironisch bis hin zum Klamauk.
- Blütezeit in den 1970er- und 1980er-Jahren
- um 1986 mit der Reaktorkatastrophe von Tschernobyl Rückzug der älteren, politisch orientierten Generation
- Einigen wenigen wie z. B. H. GRÖNEMEYER, den *Prinzen* oder den *Wise Guys* gelang es mit deutschen Texten größere Konzertsäle zu füllen und ein jüngeres Publikum zu erreichen, getragen von einer Sympathiewelle für unplugged music und a-cappella Bands.

BRECHT *Kanonensong* aus der *Dreigroschenoper* (1928)

- Song, Lied, Ballade und Moritat – Bezeichnungen zur musikalischen Darstellung allgemein sozialkritischer Inhalte
- spezielle Art des Sprechgesangs
- sprachlich akzentuierte Ausführung
- rhythmisch-deklamatorische Melodiegestaltung
- gute Sprachverständlichkeit steht vor emotionalem Ausdruck
- formaler Aufbau: Strophe (Vers) und Refrain (Chorus)

Brecht/Weill, Dreigroschenoper, Moritat von Mackie Messer

Rock

Entwicklung der Rockmusik

- breite, vielfältige und wandlungsfähige „progressive“ Strömung der Popmusik, ausgehend vom Rhythm & Blues über den Rock'n'Roll der 1950er- und den Beat der 1960er-Jahre
- schließt die durchschnittliche, auf die Unterhaltung der Massen gerichtete Popmusik aus; definiert sich vorwiegend als Musik der Jugend für die Jugend
- **typischer Sound:** aggressiver, stark verzerrter Klang von Gitarren und E-Bass, raues, heiseres Singen, extreme Lautstärke, intensive rhythmische Impulse des Schlagzeugs
- bei „weißen“ Musikstilen *Heavy Metal, Punk* oder *Techno* eher grundschlagbetont, monoton hämmernd
- bei „schwarzen“ Stilen wie *Rhythm & Blues, Soul, Bluesrock, Jazzrock, Reggae* abwechslungsreicher und farbiger durch den Einsatz vielfältiger Perkussion-Instrumente (Bongos, Congas, Claves, Maracas)
- typische Besetzung: zwei Sänger-Gitarristen, Bassgitarre, Schlagzeug
- Gesang: Teilweise sind alle Bandmitglieder beteiligt, sogar zwei- bis dreistimmig.
- Frauen häufig als Sängerinnen (*frontwoman*), bis etwa Mitte der 1990er-Jahre nur sehr selten, später häufiger an den Instrumenten
  → Beispiele: *Warpaint*, STELLA MOZGAWA Schlagzeug und JENNY LEE LINDBERG Bass oder *The White Stripes* Schlagzeug MEG WHITE, weitere Rockgitarristinnen JOAN JET, ANNA CALVI, ST. VINCENT

Musikalische Merkmale

- Melodiebildung eher rau, abrupt und aggressiv, nur selten so glatt und eingängig wie in der Popmusik
- Oft dieselben Formen wie in der Popmusik: Strophenform mit Refrain und 12-taktiges Bluesschema, doch gibt es auch freie Formen mit ausgedehnten Improvisationen.
- Freie Formen entstehen meist durch die Verwendung von Endlos-Wiederholungsschleifen (Loops) vor allem bei Techno, Rap und House.
- **Konzeptalbum:** Die Stücke einer CD oder LP sind inhaltlich oder formal aufeinander bezogen, erstes Konzeptalbum *Sgt. Pepper's Lonely Hearts Club Band* wurde 1967 von den *Beatles* veröffentlicht.

- nimmt Anregungen vieler anderer Musikrichtungen auf, so z. B. von Jazz (Jazzrock), Pop (Poprock), Folklore (Folkrock), Countrymusik (Countryrock) oder von klassischer Musik (Artrock)
- große Vielfalt an Stilen, Abgrenzungen teils schwierig bis unmöglich

Neuere Entwicklung der Rockmusik seit etwa 2000

- Retrowelle (Beispiele: *Kings of Leon, Franz Ferdinand, The Hives*)
- Nu Metal, Crossoverbands verbinden Metal und Hip Hop *(Korn)*.
- Indie-Rock, viele aus Großbritannien stammende Bands *(Arctic Monkeys, The Kooks)*.
- seit etwa 2008 wieder größerer Einfluss elektronischer Instrumente, Aufnahme von Elementen des Art- oder Progrock *(Vampire Weekend)*
- Inhaltlich spiegelt der Rock alle Kontraste der gesellschaftlichen Meinungen wider: Antikriegslieder und Gewaltverherrlichung, gesellschaftspolitischer Protest und Belangloses aus dem täglichen Leben, christliche Botschaften und Satanismus, idealisierte Liebe, sexuelle Befreiung und Perversion.
- Kontraste auch im Outfit der Gruppen und Stars: Glitter und Glamour steht neben provozierend verwahrloster Kleidung, androgyne Bisexualität neben protzigem Machogehabe.
- Der authentische musikalische Ausdruck einer gesellschaftlichen Randgruppe steht neben billigst produziertem Konsumkitsch, primitiver 3-Akkorde-Punk neben virtuoser Instrumentalbeherrschung.

Abi Tipp

JAZZ ROCK POP

Auf wenigstens einem dieser Gebiete sind Sie vermutlich detaillierter informiert als Ihr Kursleiter.

- Nutzen Sie diesen Wissensvorsprung.
- Ordnen und konsolidieren Sie Ihr Wissen mithilfe einer anerkannten Übersicht.

Von Rhythm & Blues und Rock zu Rap und Techno

Rhythm & Blues (R & B) seit etwa 1940

Großstadtblues der Schwarzen in den USA; schneller, härter, rhythmischer als der „alte“ (ländliche) Blues; Texte aggressiver, derber, freizügiger; Vertreter: *Muddy Waters, T-Bone Walker, Ray Charles, B. B. King, Little Richard, Chuck Berry*

Rock'n'Roll (R'n'R) seit 1955

R'n'R ist R & B, vermischt mit Elementen aus Country & Western und Hillbilly-Musik; R'n'R wird zum Generationssymbol der weißen Teens und Twens der 50er-Jahre. Besetzung: wie R & B-Vertreter: *Bill Haley, Elvis Presley, Little Richard, Chuck Berry*

Liverpool-Beat seit 1962/63

Beginn der europäischen Rockmusik; entstanden aus Elementen des R & B, R'n'R und „Skiffle“ (einer Mischung aus R'n'R, Dixieland und irisch-walisischer Folklore). Seit etwa 1965 Auffächerung in „Soft Beat“, „Hard Beat“, „Folk Beat“, „Exotic Beat“, „Psychedelic Beat“ u. a. Vertreter: *The Beatles, Rolling Stones, Animals, Kinks*

Progrock (Progressive Rock) seit etwa 1965

Auf der Basis typischer Rockelemente wurden vielfältige Stilrichtungen in die Musik aufgenommen: Es finden sich Jazzeinflüsse ebenso wie solche aus der Klassik und der sogenannten Weltmusik. Piano, Orgel und Synthesizer sind wichtige Instrumente dieser Richtung. Vertreter: *Yes, Genesis, Nice, King Crimson, Gentle Giant, Van der Graaf Generator, Emerson Lake & Palmer*

Reggae seit etwa 1968

Mischung aus R & B und jamaikanischer Folklore; Texte: Rassendiskriminierung, soziales Elend, Urheimats-Sehnsucht (Rastafarianismus); vielschichtige Rhythmik, beweglicher E-Bass. Vertreter: *Bob Marley, Peter Tosh, Black Uhuru Rap*

Hard Rock – Heavy Metal Rock seit Ende der 1960er- bzw. 1970er-Jahre

heute auch „Speed Metal“, „Trash Core“, „Noise Core“, „Hard Core“. Extreme Lautstärke, brutal hämmernder Vier-Viertel-Beat, dröhnender E-Bass, verzerrte E-Gitarren, „kreischende“ Stimmen, Text kaum verständlich. Vertreter: *Led Zeppelin, Deep Purple, Black Sabbath, Iron Maiden, AC/DC, Scorpions, Motörhead, Guns'n'Roses*

Punk seit etwa 1975

extrem aggressive Rockrichtung; bewusst „primitive“, ohrenbetäubende Musik in wahnsinnigem Tempo; provozierende Texte, herausfordernde Aufmachung der „Punker“. Vertreter: *Sex Pistols, The Clash, Damned, Stranglers, Black Flag*

Rap/Hip Hop seit Ende der 1970er-/1980er-Jahre

vor allem aus New York, schnelles rhythmisiertes Sprechen vor einem dichten Rhythmushintergrund. Texte: Kritik an den sozialen Verhältnissen und der fortdauernden Diskriminierung der Schwarzen. „Break Dance“; „scratching“; heute vorwiegend Drum-Computer und Sampler. Vertreter: *Grandmaster Flash & The Furious Five*, KURTIS BLOW, *Public Enemy*, ICE-T, SNOOP DOG, PUFF DADDY, EMINEM. Deutschsprachiges Rappen: *Die Fantastischen Vier*, SIDO, BUSHIDO, *Kool Savas*

Techno Rock seit etwa 1980

von elektronischen Instrumenten und Apparaten (Synthesizer, Sampler, Electronic Drums u. a.) geprägte Rockrichtung; in Discotheken als Tanzmusik beliebt, z. T. mit lateinamerikanischen (Salsa-) Rhythmen angereichert. In den USA auch „House“ (harte Richtung) und „Trance“ (weichere Techno-Richtung) genannt. Vorläufer in den 1980er-Jahren: *Tangerine Dream, Kraftwerk*; heute: Produktionen in elektronischen Studios.

Neo-ProgRock

Elemente des Progressive Rock wie komplexe Harmonik und Rhythmik, lange, epische Lieder mit zeitgemäßer Instrumentierung, beeinflusst durch die classic symphonic prog bands der 1970er

Pop

ZENTRALER BEGRIFF: POP

Der Begriff Popmusik oder „populäre Musik“ wird in unterschiedlichen Bedeutungen gebraucht.

- **umfassend** als Abgrenzung gegen Kunstmusik und Volksmusik für alle Arten von Unterhaltungsmusik (Schlager, Tanzmusik, Operette, Musical, Filmmusik, Folklore ...).
- Bandbreite der musikalischen Ausgestaltung:
  → nach Gehör oder Akkordsymbolen improvisierte Gesangsbegleitung durch eine akustische Gitarre
  → klanglich ausgefeiltes Arrangement einer Live-Band
  → perfektionierter, dafür live oft nicht mehr darstellbarer Studio-Sound
- **in speziellem Sinn** Begriff für Musik:
  → Musik der Jugendlichen, ab 1960 erstmals weltweit zu hören
  → Weiterentwicklung des amerikanischen Rock'n'Roll und des britischen Beat
  → durch die internationale Musikindustrie verbreitet
  → musikalischer Protest gegen die Kultur und die politische Ordnung der Wohlstands- und Leistungsgesellschaft

Entstehung der Populären Musik

Die schwindende Bedeutung der Volksmusik in den Städten führt schon zu Beginn des 19. Jahrhunderts zur Entstehung von **Unterhaltungsmusik**.

- **Salonmusik:** für die Salons der vornehmen Gesellschaft; leicht spielbar arrangierte Musik für Klavier bzw. für Violine und Gesang mit Klavierbegleitung; begünstigt durch preisgünstigen Notendruck
- Repertoire aus Potpourris, Tänzen, Charakterstücken und Opernausschnitten; wird auch von den Salonorchestern aufgegriffen
- große Vergnügungsgärten und Kaffeehäuser für das breite Publikum
  → Treffpunkte der Stadtbevölkerung zu Tanz und Unterhaltung
  → Ablenkung vom industriellen Arbeitsleben
  → leichte und unterhaltende Musik begünstigt deren wirtschaftlichen Erfolg

- beliebteste Komponisten des 19. Jahrhunderts: JOSEF LANNER und JOHANN STRAUSS mit Walzern, Märschen, Polkas und Potpourris
- Ragtime und Cakewalk werden zu Beginn des 20. Jahrhunderts durch die Europatournee des Orchesters von J. PH. SOUSA eingeführt, welches die Pariser Weltausstellung von 1899 besucht hatte.
- Ab 1910 findet der Ragtime, ausgehend von I. BERLINS erfolgreichem Titel *Alexanders Ragtime Band*, massenhafte Verbreitung in Europa.
- Die frischere amerikanische Tanzmusik verdrängt die dekadentere europäische trotz der mit den Kriegsvorbereitungen verbundenen Verbote um 1913.
- Im Nachkriegseuropa standen den musikalischen Einflüssen aus Amerika, die zunächst unterschiedslos Jazz genannt wurden, alle Tore offen.

Musikalische Merkmale der Popmusik

- leicht eingängige Melodik
- Ideal: Ohrwurm (Hook) zum leichten Mitsingen
- Harmonik: oft wenige und einfache Akkorde
- Quint- und Oktavparallelen in der Stimmführung erlaubt, bedingt durch das parallele Rücken der Akkorde auf der Gitarre
- Steigerungsmittel:
  - → klangliches Auffüllen des Satzes
  - → Hinzunahme von Instrumenten
  - → Transposition um einen Halb- oder Ganzton nach oben.
- wichtige Formen:
  - → Strophe (Vers) mit Refrain (Chorus) aus meist 8-taktigen Abschnitten
  - → 12-taktiges Bluesschema
  - → Bridge, 3. Teil, unregelmäßig zwischen Chorus und Vers eingeschoben
- Wichtigstes Element ist ein typischer, unverwechselbarer **Sound** durch einen Mix aus:
  - → Stimmen
  - → Hauptinstrumenten: Gitarren, Keyboard, E-Bass und Drumset
  - → Klangerweiterungen durch verschiedene Perkussionsinstrumente, Folkloreinstrumente, einzelne klassische Instrumente oder ein sinfonisches Orchester
  - → elektronischen Effekten wie Hall, Equalizer, Verzerrer, raffiniert im Tonstudio vom Soundingenieur im Mehrspurverfahren übereinander geschnitten und verfeinert

Popmusik als Ware

Grundlegende Bedingung für das Entstehen von populärer Musik ist die Verfügbarkeit von Musik als Ware für den Käufer und Hörer.

- Manuskript: ab ca. 1000, langwierige und kostspielige Schreibkunst auf Pergament oder Papyrus
- Buchdruck um 1450: gedruckte Noten werden zur Handelsware.
- Flachdruck um 1800 ermöglicht preiswerte Notenherstellung in praktisch unbegrenzter Stückzahl.
- Aufführung bedarf noch immer der Interpretation und Vermittlung durch den geübten Musiker.
- musikalische Aufzeichnungsgeräte ab 1887
- Preisgünstige Tonträger werden zur Massenkonsumware.
- Verbreitung über Ladenverkauf, Funk, Fernsehen und Internet
- Um die Musik in eigenem Besitz jederzeit anhören zu können, sind die Käufer bereit, Geld zu bezahlen.
- Digitalisierung macht Musik in Form von Noten, Audio oder Video zur schnell kopierbaren Datei.
- Das Urheberrecht von Komponisten, Interpreten und Verlagen wird vermehrt umgangen.
- Streamingdienste machen Musik in Form von Audios oder Noten überall und jederzeit abrufbar.
- Der persönliche Besitz von „Musik“ wird dadurch weitgehend unnötig.

Stationen der Tonaufzeichnung

- 1887 Grammophon: mechanische Aufzeichnung auf Walze oder Platte
- ab 1920 elektrische Aufnahme und verstärkte Wiedergabe
- 1935 Tonband: magnetische Aufzeichnung
- 1948 Kunststofflangspielplatte 2 · 30 min.
- 1958 Stereoschallplatte
- 1963 Kassettenrecorder
- 1982 CD: digitale Aufzeichnung, DVD, Harddisk-Recording, mp3
- 2000: Internet-Portale, Streaming

Der **Computer** als vielseitige „Musikmaschine“ in Verbindung mit dem Internet verändert die wirtschaftlichen Rahmenbedingungen von Musik tiefgehend.

- Unzählige Musikstücke werden als Midi-files, als druckbare Noten oder als digitalisierte Tonaufnahmen (in den Formaten wav, mp3, wma, u. a.) im Internet bereitgehalten und von dort heruntergeladen oder ausgetauscht, oft zum Schaden der Musikverlage unter Umgehung der Urheberrechte.

- Auf heutigen Festplatten können viele tausend Musikstücke gespeichert werden, die direkt vom Computer abgespielt und natürlich auch kopiert werden können, wodurch die „Stereoanlage" verdrängt wird.
- Notationsprogramme ermöglichen es jedem Musiker, professionelle Noten herzustellen und zu verbreiten.
- Mit wenigen Zusatzgeräten wird der Computer zum qualitativ hochwertigen Tonstudio (Harddisc-Recording) für mehrspurige digitale Tonaufnahmen. Nach dem Schneiden, Bearbeiten und Mastern können die Musikstücke auf CD gebrannt und vervielfältigt werden. Die Qualität von Tonaufnahmen wird damit mehr vom Know-how des Aufnehmenden bestimmt als vom Einsatz der immens teuren Studiomaschinen.
- Sogar völlig ohne musikalische Ausbildung können in einer Art Collagetechnik mit Sequenzerprogrammen und Samplertechnik neue Musikstücke verschiedenster Stilrichtungen erstellt werden. Sie werden häufig eingesetzt bei Rap, House und Techno.
- Die Möglichkeit für jedermann, eigene Musik zu komponieren, zu produzieren und selbst per Internet anzubieten und zu verkaufen, könnte zu einer noch breiteren Vielfalt führen und die wirtschaftliche Bedeutung der großen Musikproduzenten relativieren.

VOKALMUSIK – LIED UND SONG — Checkliste

Folgende Begriffe/Namen sollten gut bekannt sein:

→ Definition Lied
→ Liedformen bis 1400
→ Chanson
→ Tenorlied
→ Madrigal
→ Kontrafaktur
→ Klavierlied
→ Liedformen
→ Strophenlied
→ variiertes Strophenlied
→ durchkomponiertes Lied
→ Liederzyklen
→ Orchesterlied
→ SCHUBERT, SCHUMANN, BRAHMS, WOLF, MAHLER
→ Pop, Rock, Rap – Hip Hop

OPER UND MUSIKTHEATER

3

Ausgewählte Aspekte zur Oper

Abi Tipp

SCHWERES THEMA, MEIST NUR IN EINZELNEN ASPEKTEN ABITURTHEMA

In den Aufgaben zum Abitur tauchen in den letzten Jahren nur vereinzelt Aspekte der Oper auf. Die Komplexität der verwendeten Harmonik, der raffinierte Einsatz der Orchesterinstrumente oft in verschiedenen Schlüsseln und Transpositionen, der schwierige Zusammenhang von Musik und Sprache und die häufig verwendete Fremdsprache Italienisch machen Oper nicht gerade zu einem leicht zu bearbeitenden Abiturthema.

Im folgenden Kapitel über die Entstehung und Entwicklung der Oper konzentriert sich die Darstellung daher auf die wahrscheinlich abiturrelevantesten Themen.

- Die mit der Opernentstehung eng verbundene Technik des **Generalbasses**, sowie die in der Oper häufig vertretenen Gattungen **Rezitativ** und **Arie** spielen in der **geistlichen Musik** in **Oratorium** und **Kantate** eine wesentliche Rolle.
- Die in der romantischen Operntradition entwickelte **Leitmotivtechnik** verbunden mit einer situationstypischen **Instrumentierung** wird bei Aufgaben zur Filmmusik wieder aufgegriffen.

Abi Tipp

DIE WICHTIGKEIT ZENTRALER BEGRIFFE

Informieren Sie sich im Kapitel Oper über die ausgewählten zentralen Begriffe, auch wenn Oper in Ihren Kursinhalten keine Rolle spielt, da sie für das Verständnis vieler für Sie relevanter Abiturthemen grundlegend sind und oft vorausgesetzt werden.

ZENTRALE BEGRIFFE

- **Oper:** (ital.: *opera*), Verbindung von Musik und weltlicher Bühnenhandlung, die Musik übernimmt eine tragende, nicht nur ausschmückende Rolle.
- **Rezitativ:** instrumental begleiteter Sprechgesang, in Oper, Oratorium und Kantate folgt darauf meist eine Arie.
  - **Secco-Rezitativ** (ital.: *recitativo secco*), nur von Generalbassinstrumenten begleitet
  - **Accompagnato-Rezitativ** (ital.: *recitativo accompagnato*), orchesterbegleitet
- **Arie:** von Instrumenten begleiteter Sologesang oft in ABA'-Form zur Darstellung von Gemütsbewegungen (Affekten) wie z. B. Wut, Rache; folgt meist auf ein Rezitativ
- **Arioso:** kurzes, ausdrucksvolles, liedartiges Gesangsstück, gesanglicher als das Rezitativ, im Gegensatz zur Arie mit freier Form
- **Belcanto:** (ital.: „schöner Gesang"), Gesangsstil in Italien um 1600 im Zusammenhang mit Monodie und Oper entstanden, Merkmale: auf Grundlage guter Atemtechnik ein weicher Ton, ausgeglichene Stimmregister, Fähigkeit zum An- und Abschwellen des Tons (Messa di voce) und zur Ausschmückung des Gesangs durch Koloraturen und Triller.
- **Ouvertüre:** instrumentale Eröffnungsmusik zu einem größeren vokalinstrumentalen Werk wie Oper, Oratorium, Kantate; Ausgangspunkt für die Entwicklung der Sinfonie im 18. Jahrhundert
- **Generalbass;** auch **Basso continuo** (Abkürzung: b.c.): Akkordkurzschrift der Musik des 17. und 18. Jahrhunderts; Improvisation von harmonischen Füllakkorden über einer durchlaufenden Bassstimme, bestimmt durch den Basston und einige darunter stehende Ziffern, üblicherweise leitereigener Dreiklang über dem Basston, Abweichungen davon durch Ziffern gekennzeichnet.
- **Opera seria:** um 1700 aus adliger Festkultur entstanden, ernster Typ der Neapolitanischen Oper, heroische und mythologische Stoffe, Stilideal: Belcanto-Gesang
- **Opera buffa:** aus heiteren und komischen Zwischenakteinlagen der Opera seria entstanden, abendfüllende frech-witzige Stoffe aus dem bürgerlichen Alltag
- **Operette:** unterhaltende, kleinere Oper mit leicht eingängiger Musik seit dem 19. Jahrhundert; gesprochene Dialoge anstelle von Rezitativen.

- **Musikdrama:** um 1850 durch Wagner entstanden; Gesamtkunstwerk mit einer intensiven Verflechtung der Teilkünste Wort, Ton, Handlung, Schauspiel und Bühnenausstattung.
- **Musical:** (engl.: *musical comedy, musical play*) ursprünglich amerikanisches, besonders am Broadway in New York beheimatetes Unterhaltungstheater, gesprochene Dialoge, Songs, Tanz und Balletteinlagen, kann Stilelemente aus Operette, Varieté, Pop, Rock und Jazz beinhalten
- **Musiktheater:** nach 1950 entstandener Begriff für die vielschichtigen Stile der Oper

Charakteristika der Oper

- **Musik** beschränkt sich nicht auf gelegentliches Ausschmücken oder Untermalen, **sondern gestaltet die äußere und innere Handlung** mit und **charakterisiert die Personen**.
- Die Handlung wird im Vergleich zum gesprochenen Theater zwar verlangsamt, kann aber durch die Musik mit ihrer suggestiven, psychologisch auslotenden Kraft eine **tiefere emotionale Wirkung** entfalten.
- In ihrer Verbindung von Sprache, Schauspiel, Tanz, bildnerischer Kunst und Musik als Gesangskunst in Verbindung mit orchestraler Begleitung ist Oper die **komplexeste Kunstform** und bezieht aus den Wechselwirkungen dieser Künste auch ihren bis heute ungebrochenen Reiz.

Entstehung der Oper

Vorläufer

- szenische Darstellungen mit Musik in der **griechischen Tragödie**
- auch in **mittelalterlichen Mysterienspielen** (geistliches Spiel auf der Grundlage von biblischen Erzählungen)
- seit dem 15. auch in **Intermedien:** Zwischenakteinlagen zur Überbrückung der Umbaupausen zwischen den Akten einer Bühnenhandlung.
- direkte Vorläufer: **Madrigalkomödien**, Bündelung mehrstimmiger Madrigale zur Darstellung einer Handlung, z. B. VECCHI *L' amfiparnasso* (1594), TORELLI *I fidi amanti* (1600).

Die frühe Oper

- Die **Florentiner Camerata**, ein Kreis von Gelehrten, Dichtern und Philosophen, wollte die wundersame Kraft der antiken Musik wiederbeleben.
- Vertonung mythologischer Dramenstoffe als Sologesang mit akkordischer Begleitung (→ **Monodie**), rezitativisch generalbassbegleiteter Sprechgesang mit gelegentlichen dramatischen und kantablen Ausschmückungen
- erste erhaltene Opern: *Dafne* (1598) von PERI und *Euridice* (1600) von Peri und (1602) von CACCINI

Abi Tipp

DURCHARBEITEN ANDERER KAPITEL

Wenn Sie nur ausgewählte Abschnitte dieses Buches bearbeiten, sollten Sie an dieser Stelle *Merkmale barocker Musik* im Kapitel 5 *„Instrumentalmusik des Barock"* und *Generalbass* im Kapitel 1 *„Grundlagen"* mitberücksichtigen.

CLAUDIO MONTEVERDI

- *L'Orfeo* (1607), vom ihm selbst „dramma per musica" genannt; erste Oper im eigentlichen Sinn mit charakteristischer Situations- und Personendarstellung durch ein reich besetztes Orchester, mit Chören, Balletten und reinen Instrumentalsätzen
- Personen und Situationen werden durch die Musik charakterisiert und von passenden Instrumentalklangfarben unterstützt, so Orfeo durch die Orgel mit Holzpfeifen, Schlafszenen durch Streicher, der Totenfährmann Charon durch die näselnden Zungenpfeifen des Regal und Unterweltszenen durch Posaunen.
- Der erzählende „stile narrativo" oder „stile rezitativo" wird stellenweise zum darstellenden „stile rappresentativo", zum ausdrucksvollen „stile espressivo" oder zum erregten „stile concitato".
- Orpheus, mythologische Sängergestalt Ovids, will durch die Schönheit seines Gesanges seine Gattin Euridice aus der Unterwelt befreien, wird zum Archetyp des Sängers schlechthin, der Stoff in der Operngeschichte immer wieder aufgegriffen.

MONTEVERDI, Faksimile des Erstdruckes der Toccata aus der Oper *L'Orfeo*

- Die berühmte Toccata zu MONTEVERDIS Oper *L'Orfeo* erfüllt die Aufgabe einer Ouvertüre.
- erfolgreiche Uraufführung im Februar 1607 anlässlich des Geburtstages von FRANCESCO IV. GONZAGA im herzoglichen Palast in Mantua
- Schmetternde punktierte Trompetenklänge stimmen die adligen Gäste auf die Handlung der Oper ein.
- Kurz gestrichelte Notenlinien im Faksimile verweisen auf Buchdruck, aus beweglichen Typen gesetzt und anschließend gedruckt.
- Eckige Form der Notenköpfe wie auch die Schlüssel entsprechen der → **Mensuralnotation**.
- Hilfszeichen (Custos) am Ende jeder Notenzeile zeigt die Folgenote nach dem Taktstrich des folgenden Systems.

CLAUDIO MONTEVERDI, Faksimile des Erstdruckes der Toccata aus der Oper *L'Orfeo* – Internationale Musikbibliothek

Monteverdi, *L'Orfeo*, 2. Akt

- In dieser Szene erfährt Orfeo durch die Botin vom Tod seiner geliebten Gattin. Er beschließt, den König der Unterwelt durch die Süße seines Gesangs zur Herausgabe seiner Euridice zu bewegen oder mit ihr in der Unterwelt zu bleiben.
- **Rezitativ** im monodischen Stil, Gesangsmelodie über einer mit Ziffern versehenen Bassstimme
- Der **Affekt** Trauer und Schmerz wird verdeutlicht durch die Molltonart und die meist schrittweise absteigende Melodie, die allerdings noch einmal aufsteigt, Himmel *(cielo)* und Sonne *(sole)* bilden den melodischen Höhepunkt; *addio* wirkt eindringlich nach dem Höhepunkt, da es eine Sexte tiefer liegt.

Orfeo: Weh mir, was höre ich? Messagera - Botin: ... deine geliebte Braut ist tot. Orfeo: Weh, mir ...

Du bist tot, mein Leben und ich atme noch? Du bist von mir gegangen um niemals zurückzukehren, und ich muss bleiben?
Nein! Ich werde durch die Macht meiner Lieder in die tiefsten Abgründe gelangen und wenn ich das Herz des Königs der Unterwelt bezwungen habe, werde ich dich zum Licht der Sterne führen.
Wenn aber ein grausames Schicksal mir dies versagt, werde ich bei dir im Reich der Toten bleiben.

Orfeo: Leb wohl, Erde! Leb wohl, Himmel und Sonne! Lebt wohl!

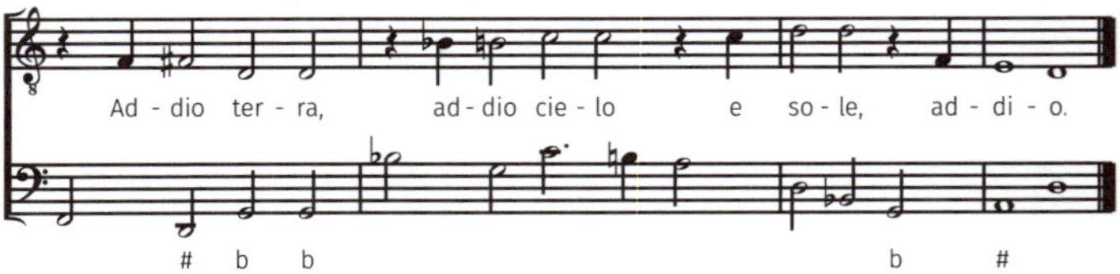

Monteverdi, *L'Orfeo*, 2. Akt

Die venezianische Oper

- 1637 Eröffnung des ersten **öffentlichen Opernhauses** in Venedig, nicht mehr nur für den Adel zugänglich, sondern gegen Eintrittsgeld für alle Gesellschaftsschichten
- realistische, abwechslungsreichere Opernstoffe, komische Elemente für das Unterhaltungsbedürfnis des Publikums
- Verwendung von **Rezitativo secco** (nur generalbassbegleitet), **Rezitativo accompagnato** (orchesterbegleitet), **Ariosi** (liedhafte Melodik), Strophenliedern und zwei- bis dreiteiligen **Arien**. Rezitativ und Arie übernehmen allmählich verschiedene Aufgaben (→ S. 66).
- Chor und Ballett werden aus Kostengründen fast ganz weggelassen, das Orchester nur klein besetzt. MONTEVERDIS späte Opern *Il ritorno d'Ulisse in patria* (1640) und *L'incoronatione di Poppea* (1642) entsprechen der venezianischen Oper.
- MONTEVERDI komponiert sowohl im alten, polyphonen Stil (**prima prattica** – Palestrinastil) als auch im neuen solistisch-konzertanten Stil auf Grundlage des Basso continuo (**seconda prattica**), welcher Gestalt und Gehalt des Textes berücksichtigt.

Kurzbiografie: CLAUDIO MONTEVERDI, 1567 bis 1643

- 1590 Sänger und Violaspieler in Mantua am Hof der Gonzaga
- Kapellmeister 1601 bei Gonzaga
- 1613 San Marco, Venedig
- Geistlicher nach dem Tod seiner Frau

Werke

8 Madrigalbücher, ab dem 5. Buch konzertant mit Generalbass;
Oper *Orfeo* (1607), *Marienvesper* (1610), szenisches Oratorium *Il combattimento di Tancredi e Clorinda* (1624), *Selva morale e spirituale* (1640);
Sammlung geistlicher Werke, darin z. B. *Beatus vir*;
ab 1640 für Venedig:
Il ritorno d'Ulisse in patria,
L'incoronazione di Poppea.

Die neapolitanische Oper

- Wird um 1700 in Italien führend, zwei lange Zeit gültige Formtypen bilden sich: die ernste **Opera seria** und die komische **Opera buffa**.

Opera seria

- Eröffnung durch eine nicht handlungsbezogene dreiteilige **Sinfonia**, die im 18. Jahrhundert Ausgangspunkt der **Sinfonie** wird, gliedert sich in die drei Sätze
  - 1. Satz: schnell, konzertant,
  - 2. Satz: langsam, kantabel, oft mit Instrumentalsolo,
  - 3. Satz: schnell, fugiert, mit tänzerischem Charakter.
- Orchesterbesetzung: Streicher mit Flöten, Oboen, Hörnern und Trompeten
- Auf das die Handlung vorantreibende **Rezitativ** folgte die seelisches Empfinden veranschaulichende **Arie**.
- Die Musik dominiert, Stilideal **Belcanto-Gesang** (Schöngesang).
- Die prima donna und der primo uomo (Kastrat) hatten Anspruch auf zwei bis drei Arien, meist in Da-capo-Form, deren Wiederholungsteil zur Steigerung des Affektes virtuos ausgeschmückt werden durfte.
- **Kastraten**, Stars der Oper, vereinten die voce bianco (Knabenstimme) mit der Kraft und Erfahrung des Erwachsenen und einer perfektionierten, virtuosen Gesangskunst, sangen Helden- und Frauenrollen.
- Stoffe der Opera seria beinhalteten oft Intrigen, typisierte Personencharaktere, leicht austauschbare Handlungen.
- Theater ist regelmäßiger gesellschaftlicher Treffpunkt.
- Das Interesse galt bevorzugt den bravourösen Arien, die als artistische Kunststücke vorgeführt wurden.
- Blütezeit in England bis etwa 1740 mit den Opernkompositionen HÄNDELS für die Oberschicht, neben der Folge Rezitativ – Arie stehen auch dramatische Szenen mit Accompagnati, Ensembles und Chören.
- Die **Ballad-opera**, schon im 17. Jahrhundert entstanden, mit gesprochenen Dialogen und volkstümlichen Melodien, hatte mit der *Beggar's Opera* (Bettleroper) (1728) einen großen Erfolg, führte zum Konkurs des von HÄNDEL als selbstständigem Unternehmer geführten italienischen Opernhauses. Die Handlung spielt im Milieu von Bettlern, Straßenräubern und Huren, wurde von BRECHT/WEILL als *Dreigroschenoper* (Beispiel, S. 50) bearbeitet.

Opera buffa

- Grundlage der Opera buffa war die Komödie. Durch Lachen über die karikiert dargestellten Schwächen sollte eine moralische Botschaft übermittelt werden.
- Personifizierte Darstellungen von Habsucht, Dummheit, Begehrlichkeit und Stolz aus der Commedia dell'arte wurden zum Vorbild für den merkwürdigen Alten, den dümmlichen oder gewitzten Diener oder das Liebespaar, dem zur Heirat verholfen werden musste.
- entstand aus den Intermezzi, den heiteren und komischen Zwischenakteinlagen der Opera seria
- spielfreudige, frech-witzige Stoffe aus dem bürgerlichen Alltag mit einfachen Formen, liedhafter Melodik ohne Kastraten und Belcanto, mit **Parlandopassagen** (schnelle Ton- und Wortwiederholungen) und der Vorliebe für Ensemblebildung an den Aktschlüssen (Finali)
- Diese frischere Kunst mit beweglicher Motivik und Rhythmik setzte sich gegen die steifere **Opera seria** durch, wurde zum Vorbild für die französische Opéra comique und das **deutsche Singspiel**.

Opernreformen der Klassik

- Die italienische Oper dominierte im deutschsprachigen Raum, kein deutsches Gegenstück zur Opera seria vorhanden.
- GLUCK, HAYDN und MOZART schrieben italienische Opern.

WOLFGANG AMADEUS MOZART

- MOZART experimentierte zunächst in allen bekannten Gattungen: **Opera buffa** *La finta giardinera* (1775), **Opera seria** *Idomeneo* (1781), **deutsches Singspiel** (Kennzeichen sind hier unter anderem gesprochene Dialoge) *Die Entführung aus dem Serail* (1782).
- Er verschmilzt in den weiteren Opern alle gattungsbedingten Unterschiede zu musikdramatischen Höhepunkten mit einer persönlichen, individuellen Charakterdarstellung und psychologischer Tiefe in der Schilderung der menschlichen Beziehungen.
- In *Le Nozze di Figaro* (1786), *Don Giovanni* (1787), und *Così fan tutte* (1790) werden neben einer genialen komödiantischen Leichtigkeit und Heiterkeit auch die sozialen Widersprüche der Zeit aufgezeigt.

Abi Tipp

MOZART *ZAUBERFLÖTE*

- komponiert 1791, gilt als die erste große deutsche Oper mit bis heute ungebrochenem Erfolg, enthält Buffo-Elemente (*Papageno* und *Papagena*) und singspielartig gesprochene Dialoge
- Inhaltlich ist sie eine Mischung aus Zaubermärchen und der Präsentation idealistischer Ideen.
- Die Charaktere der Gegenpole *Königin der Nacht* und *Sarastro* ändern sich in Akt 1 und Akt 2. Aus der guten Königin und Mutter wird eine mordlüsterne Tyrannin, aus dem finsteren Priester *Sarastro* die Lichtgestalt voller Weisheit und Humanität. Die alte böse Ordnung geht unter im Kampf gegen das Licht der Aufklärung. *Pamina* und *Tamino* verkörpern das ideale Paar in einer reinen Welt.

In der berühmten Arie des Sonnenpriesters *Sarastro* werden die menschlichen Tugenden Verzeihung, Menschenliebe und Verzicht auf Rache gepriesen. Sie wirkt durch die Verwendung von zwei- oder viertaktigen Motiven im Vergleich zur Rachearie der *Königin der Nacht* schlicht.

MOZART, *Zauberflöte*, Arie des Sarastro

Oper im 19. Jahrhundert

- Nationale Opernbewegungen entstanden in den slawischen Ländern, Verwendung von Landessprache und volkstümlichen Melodien: z. B. in Tschechien durch SMETANA *Die verkaufte Braut* (1866) und DVOŘÁK *Rusalka* (1901); in Russland durch MUSSORGSKI *Boris Godunow* (1874), TSCHAIKOWSKI *Pique dame* (1890) und andere.
- In Frankreich entstand zu Beginn des 19. Jahrhunderts die **Grand opéra** (MEYERBEER *Die Hugenotten* (1836), ROSSINI *Wilhelm Tell* (1829)).
- Durch Aufnahme von Elementen der **Opéra comique** in die Grand opéra entstand das **Drame lyrique** mit lyrisch-sentimentalem Ausdruck und hochdramatischen Wirkungen (BIZET *Carmen* (1875), GOUNOD *Faust* (1859)).
- Die frühe **deutsche romantische Oper** hatte eine Vorliebe für Sagen, Märchen, Geister und Natur und wird wegen fehlender Dramatik als zu lyrisch empfunden. Nur *Der Freischütz* (1821) von WEBER hielt sich im Opernrepertoire.

RICHARD WAGNER

- **Romantische Opern:** *Der fliegende Holländer* (1843), *Tannhäuser* (1845) und *Lohengrin* (1850), zeigen WAGNERS Vorliebe für den germanischen Sagenkreis und mythologische Erlösungsideen.
- Die alte Nummernfolge wird von durchkomponiertem Fluss mit einzelnen musikalischen Verdichtungen abgelöst.
- **Musikdramen:** Opern *Tristan und Isolde* (1859), *Die Meistersinger von Nürnberg* (1868), *Der Ring des Nibelungen* (1876) und *Parzival* (1882) folgen der Idee des **Gesamtkunstwerks** – einer neuen Einheit von Wort und Ton sowie einer intensiven Verwobenheit aller Künste (Dichtung, Musik, Schauspiel, Tanz, Architektur, Malerei).
- konsequente Umsetzung des **Gesamtkunstwerks** durch WAGNER:
  - Dichtung der Texte durch ihn selbst
  - Entwicklung eines neuen musikdramatisch-sinfonischen Kompositionsstils
  - Ausbildung eines neuen Sängertypus
  - Bau eines für sein Musikdrama geeigneten Opernhauses (Bayreuth), perspektivische Guckkastenbühne ohne Logen, Orchester nicht sichtbar unter der Bühne, Klang des Orchesters wird zunächst auf die Bühne, dann mit dem Klang der Sänger gemischt zum Publikum geleitet

- Der Festspielcharakter der Aufführungen soll die Verschleißerscheinungen eines täglichen Opernbetriebs vermeiden, das Kunsterlebnis die Religion ersetzen.
- Die **Erinnerungsmotive** der romantischen Oper werden zur strukturbildenden **Leitmotivtechnik** erweitert,
- die Gesangsstimme ohne periodische Gliederungen in die sinfonische Orchesterstruktur eingebettet,
- die Trennung von Rezitativ und Arie aufgegeben.
- **unendliche Melodie:** instrumentale und vokale Verwobenheit im immerfort fließenden sinfonischen Satz
- dramatisch begründete harmonische Wagnisse (z. B. **Tristanakkord**), bereiten den Weg zur Auflösung der Tonalität vor

Abi Tipp

MULTIPLE MEHRDEUTIGKEIT

Charakteristisch für WAGNERS Tristanvorspiel ist die nicht aufgelöste Dissonanzspannung und eine Mehrdeutigkeit auf verschiedenen Ebenen. Das sehr langsam beginnende Thema lässt den Zuhörer bewusst im Ungewissen darüber, welche Taktart vorliegt und ob das Thema nun auftaktig oder volltaktig beginnt. Auch die zugrunde liegende Harmonik bleibt fraglich.
Die ersten beiden Noten lassen F-Dur oder d-Moll erwarten, durch das folgende e wird a-Moll wahrscheinlich, aber nicht sicher. In T. 2 erscheint der berühmte Tristanakkord (h–dis–f–a) mit vorgehaltenem gis (Dominantseptakkord h–dis–fis–a mit tiefalterierter Quinte f), der aber auch als gis-Moll-Akkord (gis–h–dis–f = eis) mit enharmonisch vertauschter Sexte (Sixte ajoutée) gehört werden könnte. Der im dritten Takt wieder mit Vorhalt ais auftauchende Dominantseptakkord (e–gis–h–d) vermindert zwar die Spannung des vorhergehenden Taktes, bleibt aber selbst unaufgelöst.
Die unaufgelösten, mehrdeutigen Spannungen werden durch die Wiederholung auf höherer Tonstufe noch intensiviert.

WAGNER, *Tristan und Isolde*, Vorspiel T. 1–7

Musik und Theater im 20. Jahrhundert

Oper und Musiktheater

Stilpluralismus gilt für das Opernschaffen wie auch für die gesamte Musik des 20. Jahrhunderts. Es ist ein Sammelbegriff für die vielfältigen und oft gegensätzlichen Kompositionsansätze und Stilrichtungen: Literaturoper, Musiktheater, Oper auf Grundlage impressionistischer, expressionistischer, folkloristischer, experimenteller Kompositionsideen.

Musical

ZUM BEGRIFF

engl.: musical comedy, musical play, ein ursprünglich amerikanisches, besonders am Broadway in New York beheimatetes Unterhaltungstheater mit gesprochenen Dialogen, Songs, Tanz- und Balletteinlagen

Musical

- Stilelemente aus Operette, Varieté, Pop, Rock und Jazz
- Orchester variabel: Sinfonisches Orchester, Jazz- oder Rockband, Computer mit wenigen live gespielten Instrumenten ...
- zusammengestellt von einem Team: Produzent, Regisseur, Buchautor, Songtexter, Choreograph, Komponist ...
- oft jahrelang an einem Haus in ununterbrochener Folge (en suite) gespielt; Gegensatz: Repertoiretheater
- Tanz- und Schauspielfähigkeiten der Darsteller sind wichtiger als die Gesangskunst.
- oft üppige Ausstattung mit teilweise sensationellen Showeffekten
- nicht subventioniertes, gewinnorientiertes Wirtschaftsunternehmen
- nicht auf eine bestimmte Thematik festgelegt, teilweise **literarische Vorlagen:** PORTER *Kiss me, Kate* (1948 nach SHAKESPEARE, *Der Widerspenstigen Zähmung*), LOEWE *My Fair Lady* (1956 nach SHAW, *Pygmalion*) oder BERNSTEIN *West Side Story* (1957 nach SHAKESPEARE, *Romeo und Julia*)

Rock-Musical

- Instrumente und Musik im Stil von → **Rockmusik**
- McDermots *Hair* (1968), Webber *Jesus Christ Superstar* (1971), *A Chorus Line* (1975), *Evita* (1978), *Cats* (1981), *Phantom of the Opera* (1986).

Jukebox-Musical

- Bereits vorhandene beliebte Songs werden einer neu erfundenen Handlung unterlegt.
- Wiedererkennen bereits bekannter Songs in einem durch Handlung und Bühnenshow optisch und emotional angereicherten Ambiente
- Kosten für den Komponisten entfallen, da die Musik ja bereits vorliegt.
- Beispiele: *We Will Rock You* (2002) Songs von *Queen*, *Mamma Mia!* (1999) ABBA, *Ich war noch niemals in New York* (2007) Udo Jürgens, *Pretty Woman* (europäische Premiere 2019) Bryan Adams

OPER UND MUSIKTHEATER — Checkliste

Überprüfen Sie Ihre Kenntnisse zu folgenden Themen:

→ Generalbass
→ Monodie
→ Rezitativ
→ Arie
→ Arioso
→ Ensemble
→ Belcanto
→ Stationen der Operngeschichte
→ Opernreform der Klassik
→ Oper des 19. Jahrhunderts: Wagner
→ Grenzen Sie die Gattung Oper gegen andere Bühnengattungen mit Musik ab.
→ Schildern Sie die Entstehung und Entwicklung der Oper.
→ Welche Aspekte machen Monteverdis *Orfeo* zur ersten echten Oper?

GEISTLICHE MUSIK

Grundsätzliches

ZENTRALE BEGRIFFE

- **cantus firmus (c.f.):** eine bereits vorhandene Melodie geistlichen oder weltlichen Ursprungs als Vorlage für eine neue Komposition
- **motettisches Prinzip:** In einem neuem Textabschnitt wird neues musikalisches Material homophon oder imitatorisch verarbeitet.
- **Parodieverfahren:** teilweise oder vollständige Übernahme eines vorhandenen Werkes in einen neuen Zusammenhang
- **prima prattica/stile antico:** traditioneller kontrapunktischer Vokalstil des 15./16. Jahrhunderts
- **seconda prattica/stile moderno:** neuer sprach- und ausdrucksbetonter monodischer Stil (→ Stilwandel um 1600)
- **coro spezzato-Technik:** Vortrag durch zwei räumlich getrennte Chöre, die sich nicht nur versweise, sondern in kleineren Sinneinheiten abwechseln (→ Venezianische Mehrchörigkeit)

Erscheinungsformen geistlicher Musik	
Gregorianischer Choral	einstimmiger lateinischer Gesang der katholischen Kirche
Messe	Vertonung der feststehenden Teile des Gottesdienstes (= Ordinarium): Kyrie, Gloria, Credo, Sanctus, Agnus Dei • **Missa solemnis:** für den feierlichen Festgottesdienst mit größerer Besetzung (Chor, Solisten, Orchester meist mit Pauken und Trompeten) und längerer Dauer, Vertonung aller Teile • **Missa brevis:** kurze Messe für den normalen Sonntag mit eher kleiner Besetzung, oft ohne Solisten; manchmal nur Kyrie und Gloria vertont
Motette	mehrstimmige geistliche Vokalkomposition, häufig unbegleitet
Oratorium	konzertante Vertonung eines meist geistlichen Textes für Orchester, Solisten und Chor; besteht wie die Oper aus Ouvertüre, Rezitativen, Arien, Ensembles und Chören

Erscheinungsformen geistlicher Musik	
Evangelischer Choral	von der Gemeinde gesungenes deutschsprachiges Kirchenlied im evangelischen Gottesdienst
Kantate	mehrteiliges, instrumentalbegleitetes Vokalwerk, ursprünglich solistisch besetzt, später auch mit Soloensembles und Chorsätzen (lat.: *cantare* – singen)
Geistliches Konzert	kürzeres geistliches Werk für Singstimme und Instrument
Kirchensonate	einsätziges Instrumentalwerk, üblicherweise für zwei Violinen, Bass und Orgel nach der Lesung
Requiem	Totenmesse

Gregorianischer Choral

Die Wirkung des Gregorianischen Chorals auf die Entwicklung der abendländischen Musik ist vielfältig und in seiner Bedeutung nicht hoch genug einzuschätzen. So wurde er zum Ausgangspunkt für die Entwicklung der geordneten **Mehrstimmigkeit** und der damit verbundenen **Notenschrift**. Als **cantus firmus** bildete er Grundlage und Fundament der **Vokalpolyphonie**. Die Übersetzungen und Adaptionen an die deutsche Sprache durch Luther und seine Zeitgenossen beeinflussten maßgeblich das protestantische Kirchenlied. Auch im 19. und 20. Jahrhundert griffen Komponisten historisierend immer wieder gregorianische Melodien auf. Im Chorgesang der Mönche hat er relativ unverändert die vielen Jahrhunderte überdauert und ist bis heute lebendig geblieben.

Merkmale:

- einstimmiger lateinischer Gesang der römischen Kirche
- im Zuge der Liturgiereform durch Papst Gregor I. (590–604) Vereinheitlichung unterschiedlicher Liturgien und Gesangsformen (z. B. gallikanische, mozarabische) und Verbreitung durch Sängerschulen (scholae cantorum) in ganz Europa
- diatonische Melodien in der Tonalität der Kirchentonarten (→ S. 14 f.)
- freischwebender Rhythmus, da die Neumennotation (→ S. 9 f.) keine exakten rhythmischen Informationen beinhaltet (Auffassungen über die Ausführung variieren von gleichmäßig breit über sprachbetont-schwingend bis zu rhythmisch-metrisch)

Psalmodie

- Psalmen = rund 150 zum Beten und Singen bestimmte Texte des Alten Testaments; die Verse sind unterschiedlich lang, je zwei Halbverse beziehen sich inhaltlich aufeinander.
- gleichbleibendes Modell (Psalmton): Aufstieg zu Beginn (Initium), Mittelkadenz (Mediatio) vor der Atempause zum zweiten Halbvers und Abstieg am Ende des zweiten Halbverses (Terminatio oder Finalis). Ein langer Halbvers mit einem syntaktischen Einschnitt wird meist durch ein kurzes Absenken der Melodie mit kleiner Atempause (Flexa) unterbrochen. Die wechselnde Zahl der noch übrigen Silben wird auf gleichbleibender Tonhöhe als Rezitationston (Tenor, Tuba) gesungen (→ Kirchentonarten, S. 15).

Das Psalmodell

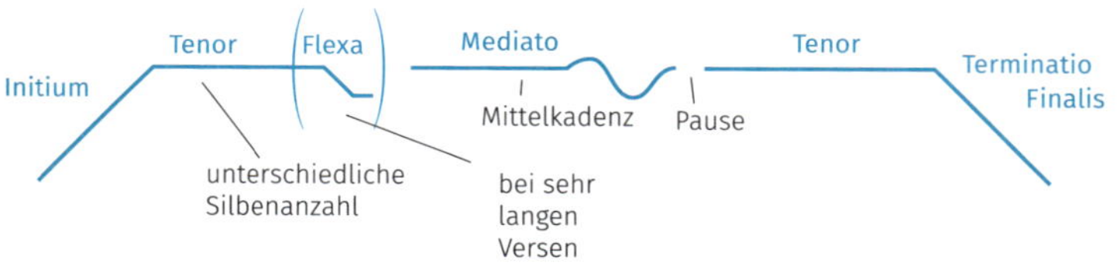

Das Psalmmodell

- Vortragsarten: **antiphonisch** durch zwei sich abwechselnde Halbchöre oder **responsorisch** im Wechsel einer oft kunstvoll melismatischen Melodie eines Vorsängers (Kantor) mit dem einfacheren Kehrvers der Gemeinde

Psalm 150

Psalm 150 ist im f-Schlüssel notiert und steht im 2. Ton (hypodorisch). Im Stundengebet der Mönche wird er einstimmig von den beiden Chorhälften abwechselnd (antiphonisch) gesungen. Die parallele Konstruktion der Verse ist z. B. in Vers 1 und 3 gut erkennbar.
1. Lobet den Herrn in seinem Heiligtum; lobt ihn in der Feste seiner Macht!
3. Lobt ihn mit Posaunen; lobt ihn mit Psalter und Harfe!
Vers 5 hat einen besonders langen ersten Halbvers und wird daher am Satzzeichen zum Atmen unterbrochen (flektiert). Die Flexa bei sonóris ist durch ein Kreuz angegeben und bereits am Ende des Notenbeispiels notiert.

1. Laudáte Dómi-num in san-ctu-á-ri- o e- jus, · laudá-te

é- um in angusto firmaménto e- jus. (Flexa) so- nó- ris

2. Laudáte eum propter grándia opera ejus, · laudáte eum propter summam majestátem ejus.
3. Laudáte eum clangóre tubae, · laudáte eum psalterio et cithara
4. Laudáte eum týmpano et choro, · laudáte eum chordis et órgano.
5. Laudáte eum cýmbalis sonóris † laudáte eum cýmbalis crepitantibus: · omne quod spirat, laudet Dóminum!

Psalm 150 Laudate Dominum

Hymnodie

- **Hymnen** = Gesänge mit neugeschaffenen Texten, zunächst Prosa, später spätantik beeinflusste Dichtungen
- insbesondere die mit Ambrosius von Mailand beginnende, streng metrische Dichtung, als Strophenlied im Stundengebet gesungen
- seit 12. Jhdt. mehrstimmige Bearbeitungen im jeweiligen Stil der Zeit

Sequenz

- entstanden aus der syllabischen Textierung (Tropus) des langen melismatischen Jubilus auf dem letzten „a" des Alleluja vor dem Evangelium.
- zunächst Gedächtnisstütze; durch Notker Balbulus in St. Gallen zur Blüte gebracht, was zur Verselbstständigung der Gattung führte
- Zwei Verse wurden abwechselnd von den beiden Halbchören auf eine gemeinsame Melodie gesungen, die von einem gemeinsam gesungenen Vers eingeleitet und abgeschlossen wurde.
- Die beliebte, ca. 5000 Sequenzen umfassende Gattung wurde durch das Konzil von Trient auf vier reduziert:
  - → **Victimae paschali laudes** zu Ostern (Wipo von Burgund),
  - → **Veni sancte spiritus** zu Pfingsten (Stephan Langton),
  - → **Lauda Sion salvatorem** zu Fronleichnam (Thomas von Aquin),
  - → **Dies irae** als Sequenz des Requiems (Thomas von Celano).
  - → 1727 kam noch das **Stabat mater** als Sequenz zum Fest der Sieben Schmerzen Mariae hinzu.

Entwicklung der Mehrstimmigkeit

Frühes Organum (Musica enchiriadis)

Das anonyme Musiktraktat lehrte zwei Arten der improvisierten Erfindung einer zweiten Stimme (vox organalis) zu einer vorhandenen Stimme (vox principalis oder cantus):

- **Quintorganum:** Führung der zweiten Stimme in parallelen Quinten unter der vox principalis
- **Quartorganum:** Beginn im Einklang, die vox organalis bleibt auf demselben Ton, bis sie über die dissonante Sekunde und Terz zur ansteigenden vox principalis eine konsonante Quarte bildet, die dann parallel weitergeführt wird und wieder im Einklang endet. In dieser improvisierten Begleitung wird die Keimzelle einer selbstständigen Stimmführung und damit der Mehrstimmigkeit sichtbar.

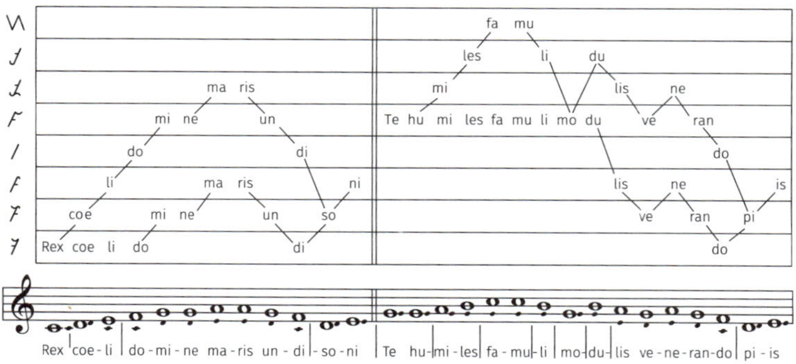

St.-Martial-Epoche

- Überlieferung von 90 zweistimmigen Sätzen in Handschriften aus der ersten Hälfte des 12. Jahrhunderts aus dem Kloster St. Martial in Limoges, Südfrankreich
- Unten liegende *vox organalis* als Baugrundlage, als Gerüstklänge dienen die **Konsonanzen** Oktave, Quinte, Quarte und Einklang, die durch Kolorierungen ausgeziert werden.
- Über dem Text notierte **Neumen** (→ S. 9 f.) geben die genaue Tonhöhe an, der Rhythmus bleibt jedoch weiterhin nicht bestimmbar.
- Zwei Satzstrukturen:
  - → **Haltetonfaktur:** Über einem gedehnten Ton des Cantus erklingt ein auf dieselbe Silbe gesungenes Melisma der Organalstimme.
  - → **Discantusfaktur:** Silbe gegen Silbe, Melisma gegen Melisma

Notre-Dame-Epoche (1160/80 bis 1230/50)

- nach der Sängerschola der gleichnamigen Kathedrale benannt; die Epoche entspricht auch deren Bauzeit
- nun allgemein auch Bearbeitung des Chorals, im Besonderen der Responsorien aus Messe und Offizium
- wichtigste Kennzeichen: Einführung der **Modalnotation** (→ S. 11.), **erste Vierstimmigkeit** und das **Entstehen der Motette** durch Textierung der melismatischen Diskantklauseln des gregorianischen Chorals (fr.: *mot*– Wort, fr.: *motet*– Vers, Refrain)
- Namentlich bekannte Komponisten: LEONIN (um 1180) und PEROTIN (um 1200); letzterer schuf erstmals in der Musikgeschichte modal-rhythmische drei- und vierstimmige Organa mit großer, breit angelegter klanglicher Wirkung.

Ars antiqua (1240/50 bis 1310/20)

- Übergang von der **Modalnotation** mit nur schematischer Rhythmik zur **Mensuralnotation**, die erstmals genaue proportionale Tondauern durch die Form der Note anzeigte (→ S. 11)
- **Motette als Hauptgattung:** zunächst lateinisch und geistlich, bald auch außerhalb des Gottesdienstes solistisch mit Instrumentalbegleitung ausgeführt. Neben die einfache zweistimmige Motette trat die dreistimmige **Doppelmotette** mit zwei verschiedenen Texten, die lateinisch, französisch oder gemischt sein konnten. Das Triplum enthielt immer mehr Text und dadurch kürzere Notenwerte.
  - → **Hoquetus** (altfrz.: *hoqueter* – zerschneiden): Satzstil, in welchem eine Melodie in schnellem Wechsel auf zwei Stimmen verteilt wird, sodass immer eine Stimme singt, während die andere pausiert, was als „Schluckauf“ bezeichnet wird; als besonderes Ausdrucksmittel an wichtigen Stellen der Komposition

Ars nova (1320 bis 1377)

- benannt nach einer Schrift von PHILIPPE DE VITRY (1291–1361), in der die neue Art der Mensuralnotation und Kunstrichtung gegen die Ars antiqua abgegrenzt wurde; Ars nova steht für die neue mehrstimmige Musik mit rhythmischer Feinheit und sich steigernder Künstlichkeit bis zum Tod des GUILLAUME DE MACHAUT († 1377)
- **Isorhythmik** = Kompositionsprinzip, bei welchem melodisch gleiche Teile (Color) und rhythmisch gleiche Teile (Talea) unabhängig voneinander kombiniert werden; häufig auf den Tenor einer Motette angewendet, bei der isorhythmischen Motette auch auf die Oberstimmen

- zentrale Gattungen:
  → **Motette**, meist isorhythmisch, drei- bis vierstimmig, mit mehreren gleichzeitig französisch oder lateinisch gesungenen Texten, als Musik für große kirchliche oder höfische Feste
  → **Kantilenensatz**, eine Liedform mit gesungener Oberstimme, von ein bis drei Instrumenten begleitet, mit den Formen Ballade, Rondeau und Virelai

Renaissance – Vokalpolyphonie

Zeitgeschehen

Renaissance (frz. *Wiedergeburt*) = Kulturepoche des 15./16. Jhdts.

- Erfindung des Buchdrucks; Zeit der Aufklärung, Bibelübersetzung und Reformation
- Entdeckung Amerikas
- Erkenntnisse durch GALILEO, KOPERNIKUS, BRUNO, DA VINCI

- musikalisch auch **niederländische** oder **franko-flämische Vokalpolyphonie**, nach der Herkunft ihrer führenden Komponisten
- Gattungen: v.a. **mehrstimmige Messen, Motetten, weltliche Liedkompositionen**
- Ende des 15. Jahrhunderts Verlagerung des musikalischen Zentrums nach Italien: **römische Schule** (u.a. PALESTRINA) und **venezianische Schule** (u.a. WILLAERT, A. UND G. GABRIELI)
- Kompositionen entstanden auf Basis der **Kirchentonarten** und wurden in der weißen **Mensuralnotation** mit hohlen Noten notiert.

Stilwandel um 1400

- Anpassung der Melodiebildung an den menschlichen Atem
- Ausweitung des Klangraums von der Tenorlage auf die vier menschlichen Stimmgattungen SATB
- Die Motette war nicht mehr mehrtextig, sie wurde auf Grundlage des **cantus firmus** simultan komponiert.
- häufige Verwendung von Terzen und Sexten (= Konsonanzen), Vermeidung von Quintparallelen
- Der Gebrauch von Dissonanzen war streng geregelt.
- Vorhalt auf betonter, Durchgang und Wechselnote auf unbetonter Taktzeit

Satzstruktur

- ab 1500 Kompositionen durchgehend geprägt von **Imitation** und **Soggetto-Technik** = eine kurze Melodie mit meist charakteristischem Beginn, aber ohne deutliches Ende, wird imitierend von den verschiedenen Stimmen übernommen
- **Cantus firmus** („feststehender Gesang"): eine Melodie geistlichen oder weltlichen Ursprungs als Vorlage für eine Komposition (typisch für die meisten Werke des 15. und 16. Jahrhunderts)
  - → meist in langen Notenwerten im Tenor (lat.: *tenere* halten; Tenor-Messe, Tenor-Motette), seltener im Diskant (Oberstimme)
  - → konnte auch aufgeteilt durch die Stimmen wandern
  - → ermöglichte inhaltliche Zusammenbindung der verschiedenen Teile des Messordinariums (die in der liturgischen Praxis mit zeitlichen Abständen erklingen)

Ein berühmter cantus firmus

Der wohl bekannteste cantus firmus ist das Lied *L'homme armé*, welcher mindestens 30-mal als Vorlage für eine Messe diente. Der Name der Vorlage wurde dann auch in den Titel der Werke aufgenommen, so z. B. *Missa L'homme armé* von OBRECHT, DUFAY oder PALESTRINA (→ S. 84 f.).

Cantus firmus *L'homme armé*

- **Parodieverfahren:** eine oder mehrere Stimmen (meist der Tenor) oder das gesamte Werk wurden für eine neue Komposition übernommen. Die Parodiemesse des 16. Jahrhunderts übernahm eine oder mehrere Stimmen aus einer Chanson oder einer Motette.
- **Entwicklung des vierstimmigen Satzes:**
  - → Hinzutreten des Contratenors zu Tenor und Diskantus (zu Beginn vermutlich instrumental ausgeführt)
  - → Teilung in Contratenor altus (über dem Tenor, heute: Alt) und Contratenor bassus (unter dem Tenor liegend, heute: Bass)
  - → Diskantus wurde auch Superius genannt → heute: Sopran
  - → Ende 15. Jhdt.: vierstimmiger Satz als Norm, Fünf- und Sechsstimmigkeit nicht ungebräuchlich
  - → in mehrchöriger Musik auch Werke zu 12 und 18 Stimmen (Besonderheit: 40-stimmige Motette *Spem in alium* (1575) von THOMAS TALLIS für acht fünfstimmige Chöre)

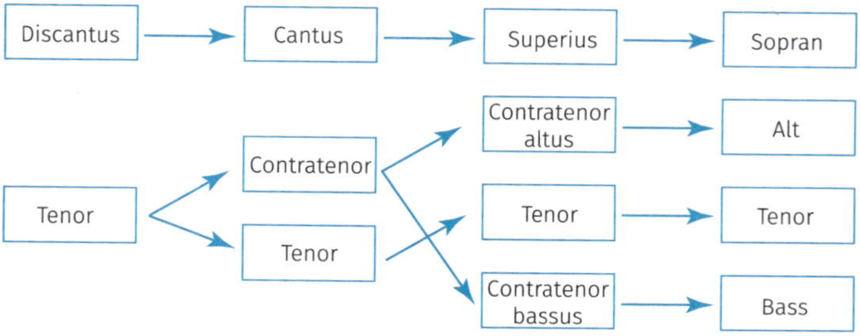

Die Entwicklung des vierstimmigen Satzes

- **Biciniensatz** (Zweistimmensatz): Bereicherung der Klangwirkung durch das Führen der Stimmen in gegensätzlichen Zweiergruppen (z. B. Sopran-Alt, Tenor-Bass)
  → Keimzelle der Klangkontraste, die zum wesentlichen Merkmal der Venezianischen Mehrchörigkeit der 2. Hälfte des 16. Jhdts. wurden (Solo–Tutti, vokal–instrumental, hoch–tief, usw.)
- **Faux-Bourdon-Satz:** geprägt durch Sextakkord-Ketten, die in einen Quint-Oktavklang aufgelöst wurden, als kurzer homophoner Ab-schnitt oder das ganze Werk bestimmend (oft nur Notation der Außenstimmen und Improvisation der Mittelstimme)
- **Klauseln und Kadenz:**
  → Tenorklausel: Erreichen des Grundtons (Finalis) im cantus firmus meist schrittweise von oben
  → Sopranklausel: Sekunde aufwärts zur Oktave des Schlusstons dreistimmiger Satz: Mittelstimme zunächst schrittweise aufsteigend, teils um einen Halbton erhöht als Doppelleittonkadenz
  → Contratenor bassus: entweder Oktavsprung nach oben oder Quinte abwärts (ähnlich heutiger Kadenz)
  → Ende 16. Jahrhundert: Bass = Träger der Kadenzfunktion durch Quarte aufwärts oder fallende Quinte abwärts, Tenor aufsteigend zur Terz des vollständigen Schlussdreiklangs geführt
  → Mollstücke endeten bis ins 18. Jahrhundert mit der Durterz **(Picardische Terz)**, um Intonationsprobleme in der mitteltönigen Stimmung zu vermeiden.
- **Dissonanzengebrauch:**
  → i. d. R. konsonante Akkorde auf betonten Taktzeiten
  → Terzen und Sexten = konsonant
  → Quarte = dissonant, zwischen Oberstimmen = konsonant, Quart-Sext-Akkord mit untenliegender Quarte somit dissonant (S. 20)

- Vorhalt (V): auf unbetonter Zeit eingeführt, zur betonten Zeit übergehalten und meist schrittweise nach unten aufgelöst (A); nur Leittöne streben nach oben.
- Durchgang (D) (stufenweise Verbindung zweier konsonanter Töne) und Wechselnote (W) (schrittweise auf- oder abwärts, Rückkehr zur Ausgangsnote) auf unbetonter Taktzeit.

erlaubte Dissonanzen

- Beliebtheit **kontrapunktischer Künste:** Kanons auf verschiedenen Tonhöhen, durch die verschiedenen Mensuralproportionen auch in unterschiedlichem Tempo und Rhythmus **(Proportionskanons)**, in Spiegelung und Umkehrung.

Kurzbiografie: JOSQUIN DESPREZ; um 1440/50 bis 1521

Berühmtester Komponist seiner Zeit; wurde von seinen Zeitgenossen geschätzt wegen der großen Ausdruckskraft seiner Musik in vollständig durchimitiertem a-cappella-Stil. Drei Sammlungen seiner Messen gehören zu den frühesten Notendrucken

- geboren um 1440 bei St. Quentin (Picardie), Nordfrankreich
- Sängerknabe in St. Quentin
- 1459–1474 Kapelle der Sforza in Mailand, Italien
- 1486–1494 in der päpstlichen Kapelle in Rom
- 1501 in Ferrara und Mailand tätig

Werke: 19 vier- bis sechsstimmige Messen, ca. 90 Motetten, 70 frz. Chanson

Motette

- wieder geistliche Gattung, Bindung zur Kirchenmusik
- Aufgabe der mittelalterlichen Mehrtextigkeit, Isorhythmik und Tenorordinierung
- Komponisten:
  - DUFAY: technische Ausformung der Motette
  - JOSQUIN: Höhepunkt der c.-f.-Technik, Bemühen um enges und ausdrucksvolles Wort-Ton-Verhältnis
  - PALESTRINA: Stil geprägt durch gleichmäßiges melodisches und harmonisches Strömen und nur sparsamen Dissonanzgebrauch
  - LASSO: Streben nach Bildhaftigkeit und starkem Affektausdruck

- **motettisches Prinzip:** reihende Gliederung von (textlichen) Sinnabschnitten, in denen entsprechend neues musikalisches Material imitatorisch oder homophon verarbeitet wird (dabei Verdeckung der Abschnittsgrenzen oder aber stark kadenzierende Abtrennung)

Messe

- Vertonung des **Ordinarium missae** (gleichbleibende Liturgieteile) (schon Ende 14. Jhdt. durch GUILLAUME DE MACHAUT)
- im 15./16. Jhdt. nicht mehr isorhythmisch, sondern basierend auf einem cantus firmus (meist in langen Notenwerten im Tenor → **Tenormesse**)
- Einheitlichkeit und Geschlossenheit in der Struktur durch Verwendung desselben cantus firmus in allen fünf Messteilen, Verstärkung dieser zyklischen Wirkung durch das Parodieverfahren
- **Parodiemesse** (ab 2. Hälfte des 15. Jhdts.):
  - → mehrstimmiger Satz als Grundlage (Motette, Chanson, Madrigal)
  - → Übernahme des gesamten Satzes für jeden Messesatz ODER
  - → Übernahme nur des Beginns, mit freier Fortführung ODER
  - → Aufteilung des Satzes mit freien Einschüben ODER
  - → Weglassen oder Hinzufügen von Stimmen.

  Das Tridentiner Konzil (Trient 1545–1563) verbot die Parodiemesse und damit die Übernahme weltlicher Elemente in die Kirchenmusik, jedoch ohne anhaltenden Erfolg.

Römische Schule

- Komponisten aus dem Umfeld der päpstlichen Kapelle
- Musik gekennzeichnet durch ruhigen Fluss, Polyphonie mit großer Klangfülle und die Verwendung geistlicher c. f. aus der Gregorianik
- Orientierung an Forderungen des Tridentiner Konzils an die Kirchenmusik:
  - → Textverständlichkeit: bei mehrstimmiger Musik durch homophone Deklamation bei langtextigen Sätzen wie Gloria und Credo
  - → Ausschluss weltlicher c. f. und Parodievorlagen
  - → Ablehnung affektierter Kompositionsweisen zur Wahrung der Würde im Ausdruck; Aufwertung des Gregorianischen Chorals durch Verbot der im Mittelalter entstandenen Tropen (melodischen und/oder textlichen Ergänzungen), Einschränkung der Sequenzen und Straffung der Melismen

- **Hauptvertreter** war PALESTRINA, dessen Stil als Höhepunkt der Vokalpolyphonie gilt und als Muster für kontrapunktische Satzweise auch heute noch gelehrt wird:
  → Ausgewogenheit zwischen linearem Fluss und harmonischer Wirkung,
  → größtmögliche Selbstständigkeit und Sanglichkeit der Stimmen,
  → Orientierung am menschlichen Atem,
  → vorwiegend konsonante Harmonik bei zurückhaltendem, klar geregeltem Einsatz von Dissonanzen.

Kurzbiografie: GIOVANNI PIERLUIGI DA PALESTRINA, um 1525 bis 1594

PALESTRINA stammt wahrscheinlich aus Palestrina bei Rom; sein Werk gilt als Höhepunkt der Vokalpolyphonie; sein Stil als Ideal des a-cappella-Satzes wurde in Kontrapunktlehren unterrichtet, z. B. durch FUX, *Gradus ad parnassum* (1725).

Bei den Überlegungen des Konzils von Trient (1545–1563) zur Abschaffung der polyphonen Kirchenmusik spielte seine *Missa Papae marcelli* eine Rolle. PALESTRINAS Stil wurde von der Gegenreformation als Vorbild katholischer Kirchenmusik anerkannt.

- 1544 Organist in Palestrina
- 1555 Kapellsänger in St. Peter, Rom
- 1555 Kapellmeister am Lateran
- 1561 in Santa Maria Maggiore
- 1567 Kapellmeister des Kardinals d'Este
- 1571–1594 zweiter Kapellmeister an St. Peter

Werke: über 90 Messen (auch Parodiemessen), 500 Motetten, Hymnen, Magnificats, Lamentationen, 100 weltliche und geistliche Madrigale

PALESTRINA *Missa L'homme armé*

PALESTRINAS *Missa L'homme armé* verwendet das gleichnamige weltliche Lied (→ S. 81) als cantus firmus. Er wird vollständig im Tenor 2 als Kompositionsgrundlage verwendet, beeinflusst aber auch die melodische Gestalt der weiteren Stimmen.

- Sopran: Liedbeginn mit charakteristischem Quartsprung aufwärts und stufenweiser Abwärtsbewegung; restliche Stimmen in stufenweise aufsteigender Gegenbewegung geführt
- Tenor 1, T. 8 f: dritter Melodieabschnitt eine Quinte höher

V = Vorhalt, D = Durchgang, W = Wechselnote, A = Auflösung
= Dissonanz (Vorhalt, Durchgangs-Wechselnote), = cantus firmus

Die Melodielinien sind gut singbar, nach einem Sprung folgt eine stufenweise Gegenbewegung. Harmonisch überwiegt der konsonante vollständige Dreiklang, meist in Grundstellung. Dissonanzen werden behutsam verwendet, auf den Hauptzeiten vorbereitet und stufenweise abwärts aufgelöst.

Venezianische Schule

- im 16. Jahrhundert begründet von ADRIAN WILLAERT, Kapellmeister in San Marco, Venedig

- gekennzeichnet durch raumbezogene **Mehrchörigkeit** und klangliche Vielfalt des **konzertierenden Stils**

Coro-spezzato-Technik

- Vortrag durch zwei räumlich getrennte Chöre, die sich nicht nur versweise, sondern in kleineren Sinneinheiten abwechseln (Wurzeln: antiphonischer Psalmenvortrag, Biciniensatz)
- wegen der klanglichen Überlagerung meist Vermeidung schneller Akkordwechsel und komplexer polyphoner Strukturen, Bevorzugung eines homophon akkordischen Stils
- in der Praxis Hinzutreten verschiedener Instrumente zu den Vokalchören, als Ersatz oder Verdopplung der Stimmen (colla-voce-Praxis – ital.: *mit der Stimme*); Zusammenfassung der Instrumente zu gleichartigen Gruppen (z. B. Streicher zu Chor 1, Holzbläser zu Chor 2 und Blechbläser zu Chor 3)
- bei Aufführungen in der Kirche Mitspielen der Orgel aus einer Bassstimme, die alle vorhandenen Bassstimmen beinhaltete → *basso seguente* = Frühform des Generalbasses

Evangelische Kirchenmusik

Die 1517 mit den 95 Thesen LUTHERS beginnende Reformation führte zu einer veränderten Sichtweise und Funktion der Kirchenmusik und damit auch zu einer eigenständigen Tradition evangelisch-lutherischer Kirchenmusik, die mit WALTERS *Geystlichem gesangk Buchleyn* (1524) ihren Anfang nahm.

- Katholisches Verständnis: Der mit dem Wort verbundene Gesang als notwendiger Teil der feierlichen Liturgie, Musik dient in erster Linie der feierlichen Ausgestaltung der liturgischen Handlung zum Lobpreis Gottes und zur Erbauung der Gläubigen.
- LUTHERS Verständnis: göttlicher Ursprung der Musik, Zusammenhang mit der Freude → Musik zum Lobpreis und zur Verkündigung
- Ersetzung des Gregorianischen Chorals durch das liturgische, deutschsprachige und von der Gemeinde gesungene Kirchenlied (= **evangelischer Choral**), dazu Lesungsmusik, Spruchmotette, geistliches Konzert und Kantate als vollgültige Bestandteile des Gottesdienstes
- **Kantionalsatz:** meist vierstimmige homophone Bearbeitung des Chorals mit der Melodie in der Oberstimme (→ Beispiel *O Haupt voll Blut und Wunden*, S. 89)

Geistliche Musik im Barock

Ein Teil der Kirchenmusik wurde weiterhin im motettischen stile antico komponiert, zahlreicher waren jedoch die von Generalbass und konzertierendem Stil geprägten Kompositionen im stile moderno (→ Kapitel „Instrumentalmusik des Barock“, „Oper und Musiktheater“).

Evangelische Kirchenmusik

- Bewahrung der bewussten Bindung an das Wort
- Anwendung des konzertierenden Prinzips auf eine solistische Besetzung aus Singstimme und Instrumente in den *Kleinen Geistlichen Konzerten* (1636, 1639) von SCHÜTZ
- Hauptgattung: die mehrteilige, instrumentalbegleitete, ursprünglich solistisch besetzte **Kantate** (lat.: *cantare* – singen), später auch mit Soloensembles und Chorsätzen
  - → Ablösung von **Motette** und **geistlichem Konzert**
  - → Entstehung zu allen Sonn- und Feiertagen des Jahrkreises zum jeweiligen Schriftwort oder zu evangelischen Chorälen
  - → BACH: schrieb vier bis fünf vollständige Jahreszyklen (nur teilweise erhalten). Auf einen figurierten, polyphonen Chorsatz zu Beginn folgt eine Reihe von Rezitativen und Arien, ein mehrstimmiger Choral bildet den Abschluss.

Kurzbiografie: JOHANN SEBASTIAN BACH, 1685 bis 1750

„… soll … aller Music Finis und Enduhrsache anders nicht, als nur zu Gottes Ehre und Recreation des Gemüths seyn. Wo dieses nicht in Acht genommen wird da ists keine eigentliche Music, sondern ein Teuflisches Geplerr und Geleyer.“

BACH galt als großer Orgelvirtuose und bedeutender Kantor. Sein heutiger Rang als einer der führenden Komponisten wurde von seinen Zeitgenossen nicht so gesehen, seine im barocken Stil bleibenden Kompositionen galten durch den Stil- und Geschmackswandel um 1730 als unmodern.
Erst im 19. Jahrhundert wurden seine Werke wiederentdeckt, aufgeführt und weltweit verbreitet. In allen Gattungen schuf er überragende Meisterleistungen, gekennzeichnet durch komplexe Polyphonie, Differenziertheit und Beziehungsreichtum zwischen Text und Musik.

- 1703 Geiger in Weimar, dann Organist in Arnstadt
- 1705/06 Wanderung nach Lübeck zu BUXTEHUDE (fünf Monate)
- 1707 Organist in Mühlhausen, Heirat Cousine MARIA BARBARA
- 1708 Hoforganist, 1714 Konzertmeister in Weimar, kündigte 1717 wegen Nichtbeförderung zum Hofkapellmeister, Arrest
- 1717 Hofkapellmeister in Anhalt-Köthen bei FÜRST LEOPOLD
- 1723–1750 Thomaskantor in Leipzig, Verantwortung für Musik der Hauptkirchen, Musik- und Lateinunterricht an der Thomasschule
- Erblindung in den letzten Lebensjahren

Werke (BWV = Bach-Werke-Verzeichnis): alle Gattungen der Barockmusik außer Oper; Geistliche Musik: Kantaten, Weihnachtsoratorium, h-Moll-Messe (1733–1738), *Johannespassion* (EA 1724), *Matthäuspassion* (EA 1729); Orchestermusik: *6 Brandenburgische Konzerte* (um 1721); Kammermusik: *Musikalisches Opfer* (1747), *Kunst der Fuge* (1749–50), Sonaten, Suiten; Klaviermusik: Inventionen, Suiten, Partiten, *Italienisches Konzert* (1735), *Goldberg-Variationen* (1742), *Das Wohltemperierte Klavier I und II* (1722/1742); Orgelmusik: Choralvorspiele, Präludien und Fugen, Triosonaten, Passacaglia *c-Moll* (um 1717)

Choral *O Haupt voll Blut und Wunden*

Der Choral *O Haupt voll Blut und Wunden* stammt aus BACHS *Matthäuspassion*. Die Melodie wurde schon in früherer Zeit von HASSLER in dem weltlichen, von Liebesleid handelnden Chorlied *Mein Gmüt ist mir verwirret* verwendet. In seiner Vertonung ist die Melodie durch die andere Rhythmisierung tänzerisch schwingend:

Haßler, Mein Gmüt ist mir verwirret

In der *Matthäuspassion* vertont BACH die Melodie mehrfach, jeweils mit anderen Harmonisierungen zu verschiedenen Texten. In der Passion hat der Choral die Aufgabe, das Leidensgeschehen aus der Sicht des gläubigen, den Karfreitagsgottesdienst mitfeiernden Christen zu betrachten und für das Glaubensleben zu erschließen.

Choral *O Haupt voll Blut und Wunden*

Wie sehr Bach diesen Choral schätzte, zeigt dessen Verwendung in mehreren Kantaten und im Weihnachtsoratorium (*Wie soll ich dich empfangen*).

Bach, O Haupt voll Blut und Wunden, Matthäus-Passion

Katholische Kirchenmusik

- VIADANA (1560–1627) schuf einen klein besetzten, bei allen Gelegenheiten brauchbaren Kirchenstil.
- Pflege des alten Stils der Vokalpolyphonie, v. a. während der ohne Instrumentalbegleitung zu gestaltenden Advents- und Fastenzeit
- Messen: im 17. Jahrhundert eher traditionell vertont, erst im 18. Jhdt. wieder in den Vordergrund tretend. Als Zeichen kirchlicher Prachtentfaltung entstanden auf Grundlage der Mehrchörigkeit Messen mit bis zu 12 vokalen und instrumentalen Klangkörpern.
- Vespervertonungen mit moderneren Elementen des monodischen Stils

Oratorium

- Oratorium: abendfüllende konzertante Vertonung eines meist geistlichen Textes für Orchester, Solisten und Chor; beinahe zur selben Zeit wie die Oper entstanden und wie sie bestehend aus Ouvertüre, Rezitativen, Arien, Ensembles und Chören

- frühestes Zeugnis: CAVALIERIS *Rappresentazione di anima e di corpo* (Darstellung der Seele und des Körpers, Rom 1600)
- Entstehung **italienischer Oratorien** teilweise als Ersatz für die während der Fastenzeit nicht erlaubten Opernaufführungen
- ein Höhepunkt des barocken Oratoriums: HÄNDELS **englische Oratorien** (*The Messiah*, 1742, *Judas Maccabaeus* 1747)
  - → beruhend auf Texten des Alten Testaments
  - → formal meist dreiteilig angelegt
  - → höherer Anteil an Chorstücken als das italienische Vorbild
  - → wurden als große Form für großes Publikum mit humanem Gehalt zum Vorbild für Klassik und Romantik
- Entstehung deutschsprachiger Oratorien im 18. Jahrhundert in Norddeutschland durch KEISER, MATTHESON und TELEMANN
  - → Anknüpfung an italienisches Oratorium, deutsche Passion und Historia (Vertonungen der Geschichten Jesu mit Ausnahme der Passion). BACHS sogenanntes *Weihnachtsoratorium* besteht aus sechs **Kantaten** zu den verschiedenen Weihnachtsfesttagen.

Geistliche Musik der Klassik

Der weltfromme, optimistische, von Idealen erfüllte und in einem überkonfessionellen Humanismus wurzelnde Mensch der Klassik schmolz alle weltlichen Elemente auch in die Kirchenmusik ein. Die Messen der klassischen Komponisten HAYDN und MOZART unterscheiden sich in ihrer Haltung nicht von Opern.

Kirchenmusik der Klassik

- evangelische Kichenmusik (geprägt von Rationalismus und Pietismus, Wendung gegen komplexe Kirchenmusik) verliert gegenüber der katholischen an Bedeutung
- Enzyklika *Annus qui* (1749) von PAPST BENEDIKT XIV.:
  - → Unterscheidung von kirchlicher Musik und profaner Musik und speziell Wendung gegen opernhafte Tendenzen
  - → sorgfältigere Pflege des Gregorianischen Chorals
  - → instrumentale Kirchensonate sowie Verwendung der Orchesters erlaubt
- wichtigste Gattungen: **Missa brevis** und **Missa solemnis**, **Motette,** **Kirchensonate**, **Litaneivertonungen** (feierliche Anrufungen, z. B. von Heiligen) und **Vespervertonungen** (feierliches Stundengebet, z. B.

MOZARTS *Vesperae de Dominica* KV 321 (1779)) sowie das **Requiem** (z. B. unvollendetes Requiem d-Moll von MOZART 1791).

- **Motette der Klassik**: nach der Lesung als Graduale oder nach dem Credo als Offertorium eingesetzt
  - → als Chorwerk mit Orchester als klassische Abwandlung der alten niederländischen Motette, z. B. MOZARTS *Ave verum* KV 618 (1791) zu Fronleichnam ODER
  - → als italienische Solokantate über lateinische geistliche Texte mit zwei Arien, zwei Rezitativen und abschließendem Halleluja, z. B. MOZARTS *Exsultate, Jubilate* KV 165 (Mailand 1773).

Oratorium der Klassik

- nach 1750: im protestantischen Norddeutschland Entwicklung einer Oratorientradition auf der Grundlage von lyrischen Texten anstelle des Bibelwortes; empfindsamer und idyllischer Ton (früher eher dramatisch)
  - → typisches Beispiel: *Der Tod Jesu* (1755) von GRAUN, ein weiterer wichtiger Komponist war C. PH. E. BACH.
- HAYDN: in England Kennenlernen der Oratorien HÄNDELS
  - → in der Folge Komposition der beiden Oratorien *Die Schöpfung* (1798) und *Die Jahreszeiten* (1801) mit lebendigen und heiteren Naturschilderungen → wichtiges Repertoire der bürgerlichen Oratorienchöre und stilbildend für das romantische Oratorium

19. und 20. Jahrhundert

- Rückbesinnung auf gültige historische Vorbilder als Reaktion auf Veräußerlichung der Kirchenmusik:
  - → reiner a-cappella-Chorsatz PALESTRINAS (historisch unrichtig, da oft instrumental begleitet) als Muster der alten Kirchenmusik
  - → BACH als Leitfigur der evangelischen Kirchenmusik; seine Musik beeinflusste, ausgehend von MENDELSSOHNS erster Wiederaufführung der *Matthäuspassion* 1829, wesentlich die romantische Musikentwicklung
  - → in beiden Konfessionen Besinnung auf die eigentliche liturgische Aufgabe der Kirchenmusik
- Die großen romantischen **Oratorien**, **Messen** und **Requien** [BERLIOZ (1837), BRAHMS *Ein deutsches Requiem* (1868), VERDI (1874)] überschritten in Länge und Besetzung oft den liturgischen Rahmen. Sie wurden zunehmend für den Konzertsaal komponiert und durch die neu entstandenen großen bürgerlichen Oratorienvereine gepflegt.

- liturgische Erneuerungsbewegungen der protestantischen Kirche ab 1920
  - → Ziel der Befreiung der Kirchenmusik von subjektiven Romantizismen und einer neuen Heiligung der gottesdienstlichen Musik
  - → Orientierung an Hochbarock und Reformation → Entstehung neuer Lieder (z. B. von J. KLEPPER und G. SCHWARZ)
  - → ab 1945 große Entfaltung der Kirchenmusik durch hauptberufliche Kantoren
- 1963 Liturgiekonstitution des zweiten Vatikanischen Konzils: Öffnung der katholischen Liturgie für die Landessprache führt zur Entstehung einer ungewöhnlich großen Zahl an neuen geistlichen Liedern, oft beeinflusst von Gospel, Jazz, Beat oder Rock

GEISTLICHE MUSIK — Checkliste

Überprüfen Sie Ihre Kenntnisse zu folgenden Bereichen:

- → Kontrapunkt
- → Kirchentonarten
- → Mensuralnotation
- → cantus firmus
- → Faux-Bourdon-Satz
- → Doppelleittonkadenz – Kadenz
- → Dissonanzengebrauch
- → LASSO, JOSQUIN, PALESTRINA, GABRIELI, MONTEVERDI, SCHÜTZ, HÄNDEL, BACH
- → Messe, Motette, Madrigal
- → Parodiemesse
- → Römische Schule
- → Venezianische Mehrchörigkeit
- → coro-spezzato-Technik
- → Stilwandel Barock – prima/seconda prattica
- → Basso continuo
- → Oratorium im Barock, Klassik und Romantik
- → evangelischer Choral
- → Kantionalsatz
- → Kantate
- → geistliches Konzert
- → Stilwandel um 1750
- → konzertierender Stil
- → musikalisch-rhetorische Figuren
- → Missa solemnis, Requiem
- → Stilmittel der Romantik

INSTRUMENTALMUSIK DES BAROCK

Instrumentalmusik für Ensembles entwickelte sich aus der **Venezianischen Mehrchörigkeit**. Das ab 1560 belegte klangprächtige generalbassbegleitete Musizieren in San Marco mit unterschiedlichen vokalen und instrumentalen Klanggruppen wurde zunehmend rein instrumental ausgeführt.

Die direkt aus der **Vokalpolyphonie** entstandene Instrumentalmusik tritt im Barock gleichberechtigt neben die hochentwickelte Vokalmusik und wird zum Ausgangspunkt für den **konzertierenden Stil**, der zusammen mit der Verwendung des Generalbasses die Zeit von 1600 bis 1750 durchgängig kennzeichnet.

ZENTRALE BEGRIFFE

→ **Concerto grosso**: Dem gesamten Orchester (Ripieno oder Tutti) steht eine Gruppe von Solisten (Concertino) gegenüber. Zwischen die vom Ripieno gespielten wiederkehrenden Themen (Ritornell) werden Soloepisoden eingeschoben. Die Satzstruktur entspricht der Kirchensonate (langsam – schnell – langsam – schnell) oder der Kammersonate (schnell – langsam – schnell).

→ **Generalbass;** auch **Basso continuo** (Abkürzung: b. c.): Die „durchlaufende Bassstimme" bildet das klangliche Fundament der Musik des 17. und 18. Jahrhunderts; notiert in Kurzschrift aus Basston und einigen darunter stehenden Ziffern, mit deren Hilfe die harmonischen Füllakkorde improvisiert wurden.

→ **konzertierender Stil:** das musikalische Mit- und Gegeneinander („Wetteifern") verschiedener (Solo-)Stimmen und/oder Klanggruppen auf der Grundlage des Generalbasses

→ **prima/seconda prattica:** Konkurrierende Kompositionsstile um 1600; der „alte" kontrapunktische Vokalstil der Renaissance wird zusehends vom „neuen" sprach- und ausdrucksbetonten, monodischen Stil verdrängt.

Der barocke Stil

Zeitgeschehen/Geistesströmung

- → Absolutismus
- → Gegenreformation
- → 30-jähriger Krieg (1618 –1648)
- → Ludwig XIV. (1661–1715)
- → Rationalismus

- Epochenbezeichnung „Barock“ (portug.: *barroco* – schiefrund, oval), nach 1750, zunächst abwertend für das schwülstig Überladene, Verworrene und Komplizierte der Epoche (absolutistische Prachtentfaltung ⇔ Bewusstsein der Vergänglichkeit des Menschlichen)
- Wesensmerkmale der Künste: Ruhe und Bewegung, Wiederkehrendes in wechselndem Erscheinungsbild, phantasie- und kunstvolle Strukturen, die das Natürliche überlagerten
- ästhetische Forderung nach einem einheitlichen Affekt führte zu Kompositionen mit einheitlichen Abläufen
  - → Der barocke Mensch wurde als Gattungswesen mit stilisierten Affekten und Gefühlen, nicht als individuelle Einzelperson dargestellt.
- Italien bis ins 18. Jhdt. führend auf allen musikalischen Gebieten
- in Deutschland Entwicklung einer eigenständigen protestantischen Kirchenmusik mit dem Werk BACHS als Höhepunkt
- Entwicklung oft schematisierter Gattungs- und Formtypen wie Rezitativ und Arie, Opera seria, Opera buffa, Concerto grosso, Suite und Fuge
- um 1600 zwei Kompositionsstile:
  - → **stile antico (prima prattica)** = traditioneller kontrapunktischer Vokalstil
  - → **stile moderno (seconda prattica)** = neuer, sprach- und ausdrucksbetonter monodischer Stil (welcher den stile antico immer weiter verdrängte)

Stilwandel um 1600

- **Monodie:** Von Instrumenten akkordisch begleiteter Sologesang, der affektvoll vorgetragen wurde. Aus dem frei fließenden Sprachgesang (stile recitativo) entstanden Rezitativ und Arie.

Stilwandel um 1600

- **Generalbass/Basso continuo** (→ S. 30 f.) als Klangfundament der Barockmusik:
  - → entwickelte sich aus dem Mitspielen der tiefsten Stimme bei mehrchörigem Musizieren (*basso seguente*).
  - → in Kurzschrift notiert (bezifferter Bass), improvisierend ausgeführt durch ein Tasteninstrument (Cembalo, Orgel) plus meist ein (gestrichenes oder geblasenes) Bassinstrument.
  - → Grundlage der Komposition, ermöglichte das freie Gegeneinander konzertierender Stimmen.
- Ablösung der Kirchentonarten durch die **Dur-Moll-Harmonik**
- **Affektenlehre:** systematisch erfasste Lehre der Wirkungsmöglichkeiten von Musik auf die Gefühle, um z. B. durch bestimmte Tonarten und Tempi die Affekte (lat.: Gemütsbewegungen) wie Bewunderung, Liebe, Hass, Freude, Trauer usw. hervorzurufen.
- **Musikalische Rhetorik – Figurenlehre:**
  - → Musik als „Tonsprache", Lehre der Komposition nach den Regeln der Rhetorik: *inventio* (Motiverfindung), *dispositio* (Gesamtaufbau), *elaboratio* (Ausarbeitung) und *decoratio* (Ausschmückung), deren spätere Aufführung als *executio*
  - → Darstellung bestimmter Textaussagen durch Figuren (z. B. hoher Ton = „Berg, Himmel", tiefer Ton = „Tal, Hölle", musikalische Auf- und Abbewegung = „Kreisen, Krone", chromatische Halbtöne und Dissonanzen = „Trauer" und „Schmerz", Pausen = „Schweigen" oder „Stille")
  - → Verbindung bestimmter Tonwendungen mit festgelegten Sinngehalten, sodass vor allem die Instrumentalmusik zur Tonsprache werden konnte
- **Instrumente:** Violine, Viola, Cello, (Streicher mit Darmsaiten und Barockbogen, heute meist ½ Ton tiefer gestimmt, a′ = 415 Hz), Laute, Gitarre, Theorbe, Harfe, Cembalo, Orgel, Flöte, Oboe, Schalmei, Krummhorn, Zink, Trompete, Horn, Pauke, Trommel.
- **Akzentstufentakt** (→ S. 11 f.):
  - → ab 1600 Taktstrich als Ordnungsfaktor mit Hauptakzent auf der Note danach
  - → alle Notenwerte nun zweizeitig geteilt
  - → quantitative Notenwerte der Mensuralnotation erhalten einen qualitativen Akzent in unterschiedlicher Abstufung (Zweiertakt schwer – leicht, s – l; Dreiertakt s – l – l, Vierertakt s – l – mittelschwer – l, Sechsertakt s – l – l/ms – l – l)

Abi Tipp

GENERALBASS

Die Praxis des Generalbasses lässt dem Aufführenden bzw. dem Herausgeber einer praktischen Notenausgabe Freiheit bezüglich der Vielstimmigkeit des gegriffenen Akkords (Dichte) sowie der instrumentalen Besetzung der Instrumente.

Besorgen Sie sich mehrere Ausgaben (Partitur, Klavierauszug, Continuostimme) mehrerer Verlage und vergleichen Sie die verschiedenen Lösungen für den Generalbass.

Versuchen Sie herauszufinden, welche Notenbestandteile original vom Komponisten, welche vom Herausgeber/Interpreten sind.

Hören Sie aus gleichem Grund aufmerksam mehrere Fassungen derselben Musik, z. B. Standardwerke aus dem Frühbarock wie MONTEVERDI: *Orfeo*, *Marienvesper*, die leicht in verschiedenen Druck- und Audiofassungen erhältlich sind.

Concerto

ZUM BEGRIFF: CONCERTO

- Zusammenwirken einer Gruppe von Musikern (ital.: *concertare* – zusammenwirken)
- musikalische Gattung, die geprägt ist vom Mit- und Gegeneinander verschiedener Stimmen und Klanggruppen auf der Grundlage des Generalbasses (lat.: *concertare* – wettstreiten)
- Entwicklung des konzertierenden Stils, der neben dem Generalbass so wesentlich das musikalische Barock prägte, dass man auch vom **Zeitalter des konzertierenden Stils** spricht.

- Zusammenwirken großer gleichklingender oder verschiedenfarbiger Klanggruppen erstmals in der vokal und instrumental gemischten **venezianischen Mehrchörigkeit** (ab 1560), über SCHÜTZ Eingang in die protestantische Kirchenmusik (z. B. *Psalmen Davids*) und bis zum Ende des Barock wirksam.

- kleinere Besetzung: einige solistische Vokal- oder Instrumentalstimmen musizieren über dem harmonietragenden Generalbass in der Tradition einer Motette
  → **vokal** z. B. SCHÜTZ *Kleine geistliche Konzerte* (1636/39); durch Hinzufügen von Chören und Arien ging das **geistliche Konzert** später in der Gattung **Kantate** auf (→ S. 88)
  → **instrumental:** Entstehung von **Solosonate** und **Triosonate**.
- **Concerto grosso** = wichtigste Gattung der Orchestermusik im Hoch- und Spätbarock
  → Gegenüber von **Ripieno/Tutti** (gesamtes Orchester) und **Concertino** (Gruppe von (meist drei) Solisten, welche auch als Stimmführer das Tutti anführen)
  → Einschub von Soloepisoden zwischen die vom Ripieno gespielten wiederkehrenden Themen (**Ritornell**)
  → Form: Satzstruktur von **Kirchensonate** (langsam – schnell – langsam – schnell) und **Kammersonate** (Präludium und zwei bis vier Tanzsätze nach Art einer Suite, ab VIVALDI schnell – langsam – schnell)
  → bedeutende Komponisten: CORELLI (12 Concerti grossi op. 6) und VIVALDI ab 1700
  → Das Concerto grosso wurde am Ende der Barockzeit ungebräuchlich, während das gleichzeitig entstandene **Solokonzert** mit den stilistischen Änderungen der Klassik weitergeführt wurde.

Kurzbiografie: ANTONIO VIVALDI, 1678 – 1741

VIVALDI schuf den dreisätzigen Konzerttyp; seine Konzerte waren Vorbild für Komponisten aus ganz Europa. BACH bearbeitete 16 Konzerte VIVALDIS für Cembalo oder Orgel.

- 1703 Priesterweihe, aus gesundheitlichen Gründen vom Priesteramt befreit, blieb aber weltlicher Priester
- 1703–1740 Violinlehrer und Orchesterleiter am Waisenhaus *Ospedale della Pietà* in Venedig; wöchentliche Konzerte seiner Werke – von ihm selbst dirigiert und von den Mädchen des Waisenhauses gespielt – als musikalische Höhepunkte des venezianischen Musiklebens. 1740 Reise nach Wien, vermutlich um den Habsburger Kaiser Karl VI. um Unterstützung zu bitten: VIVALDIS Kompositionsstil war seit wenigen Jahren nicht mehr en vogue – der Komponist litt inzwischen unter Geldmangel. Wenige Monate nach der Ankunft in Wien verstarb VIVALDI allerdings.

Werke: 49 Opern, 3 Oratorien, 55 Motetten, 446 Konzerte, ca. 90 Sonaten. Bei weitem nicht alle Werke sind erhalten.

Vivaldi, *Die vier Jahreszeiten – Nr. 1: Frühling*

Vivaldi schrieb um 1725 zwölf Violinkonzerte op. 8, Nr. 1 bis Nr. 4, bekannt unter dem Titel *Le quattro stagione – Die vier Jahreszeiten.* Sie sind ein gutes Beispiel für die Dreisätzigkeit (schnell – langsam – schnell) seiner Konzerte sowie für Programm-Musik im Barock, da den einzelnen jahreszeitlichen Bildern ein Sonett zu Grunde liegt. *Nr. 1 La Primavera – Der Frühling* schildert die frohen Gefühle bei Frühlingsbeginn durch die beiden Ritornelle (mehrfach wiederkehrende Abschnitte) R1 und R2, welche in unregelmäßiger Folge immer wieder auftauchen und von Soloepisoden unterbrochen werden, im Notenbeispiel durch den „Gesang der Vögel“:

Vivaldi, *Die vier Jahreszeiten – Nr. 1: Frühling*

Suite

ZUM BEGRIFF: SUITE

Abfolge mehrerer selbstständiger Tanzsätze, die nur lose durch gleiche Tonart oder durch motivische Verwandtschaft verbunden sind

→ Schrittfolgen der Tänzer als Basis für Melodien mit symmetrischen Perioden und geradzahligen Betonungen und somit für entsprechende Abschnittsbildungen und Wiederholungen.

- Mittelalter: **Paarbildung** von geradem Schreittanz und ungeradem Springtanz
- frz. Tanzbücher des 16. Jahrhunderts: gleichartige Tänze oder Tanzpaare wie **Pavane – Galliarde** oder **Pavane – Saltarello** (in deutschen Lautenbüchern auch als **Dantz und Hupfauf** bezeichnet)
- 17. Jhdt.: Ablösung von Pavane und Galliarde durch **Allemande** (langsam, 4/4) und **Courante** (schnell, ¾), dazu die spanische **Sarabande** (langsam, gravitätisch) und die englische **Gigue** (schnell, 6/8 oder 12/8)
  → **Kern der barocken Suite**, ergänzt durch Doubles (Tanzsätze der gleichen Art) oder andere eingeschobene Tänze wie **Air, Menuett, Gavotte, Bourée** u. a.
- Obligatorische Ballette in der französischen Oper führen zur Komposition von **Orchestersuiten.**
  → Beginn mit Ouvertüre, weitere Satzfolge frei
  → nach dem Einleitungssatz auch **Ouvertürensuiten** genannt; z. B. die Orchestersuiten BACHS sowie HÄNDELS *Wasser- und Feuerwerksmusik* (1717 bzw. 1748).
- **Lautensuiten** und **Klaviersuiten** folgten im Rahmen der **sonata da camera** dem französischen Modell mit den vier Kernsätzen **Allemande – Courante – Sarabande – Gigue**, welches durch weitere Sätze ergänzt werden konnte (→ S. 107 f.).
- Sätze der spätbarocken Suite: oft **stilisierte Tänze** oder tanzfreie Stücke, da die Tänze bereits unmodern geworden waren
  → verliert an Bedeutung bis auf das **Menuett**, das mit dem Beginn der Klassik als Tanzsatz in die Sonate aufgenommen wurde.

- Im späten 19. und im 20. Jhdt. Wiederkehr als **historisierende Gattung** (GRIEG, *Aus Holbergs Zeit* (1884), SCHÖNBERG, *Klaviersuite op.* 25 (1924), *Suite für Streichorchester op.* 29 (1934)), als **Ballettmusik** (TSCHAIKOWSKI, *Nussknacker-Suite*) oder im Zusammenhang mit der Oper (BIZET, *Arlésienne-Suiten I und II* nach der Schauspielmusik zum Drama *L'Arlésienne*).

Fuge

ZUM BEGRIFF: FUGE

- kunstvolle **kontrapunktische Instrumentalform** für zwei bis fünf, gelegentlich auch mehr Stimmen, mit streng geregelten und freien Abschnitten
- direkte Entwicklung aus dem **Ricercar** (einleitendes Vorspiel in der Imitationstechnik einer Motette zunächst für Laute, dann für Orgel, mit nur einem **Soggetto**)

- Höhepunkt im Verlauf der Barockzeit im Werk BACHS
  - *Das Wohltemperierte Klavier I* (1722) und *II* (1744) sind Sammlungen von jeweils **24 Präludien und Fugen**, chromatisch ansteigend durch alle Dur- und Molltonarten
  - *Die Kunst der Fuge* (1749/50) aus dem Spätwerk nennt keine Instrumente und zeigt verschiedene kontrapunktische Techniken.

Musikalische Kennzeichen

- Wechsel von streng kontrapunktischen, themengebundenen Teilen, in denen das Fugenthema einmal oder mehrmals auftaucht (**Durchführungen**), und lockeren themenfreien Abschnitten (**Zwischenspielen**), die aus thematischem oder neuem gegensätzlichen musikalischen Material gestaltet sein können.
- Fugenthemen besitzen meist einen durch bestimmte Rhythmen und Intervalle gut erkennbaren **Themenkopf** und eine fließende, oft unmerklich in den Kontrapunkt übergehende Weiterführung.

- festgelegter Ablauf der **ersten Durchführung = Exposition**:
  - → Fuge beginnt mit dem Thema als **Dux** in der Haupttonart
  - → zweiter Themeneinsatz = **Comes** erfolgt in der Dominanttonart eine Quinte höher oder eine Quarte tiefer, währenddessen Fortführung der ersten Stimme als **Kontrapunkt**
  - → dritter Themeneinsatz wieder als **Dux** in der Grundtonart, während die zweite Stimme mit dem Kontrapunkt fortfährt
  - → Ende der Exposition, wenn alle beteiligten Stimmen das Thema einmal vorgestellt haben.
- Themenbeantwortung des Dux:
  - → **real:** Die Töne des Comes werden unter Wahrung der Intervallverhältnisse in reiner Quinttransposition unverändert in die Dominanttonart übernommen → Rückmodulation in die Ausgangstonart notwendig.
  - → **tonal:** Intervalländerung im Themenverlauf, um in der Haupttonart zu bleiben
- Ein **beibehaltener Kontrapunkt** taucht in gleichbleibender Gestalt immer wieder zusammen mit dem Thema auf.
- kontrapunktische Techniken in den weiteren Durchführungen:
  - → **Engführung** – erneuter Themeneinsatz vor dem Ende des vorigen, wodurch sich beide überlappen
  - → **Umkehrung** – Die Richtung der Intervalle ändert sich.
  - → **Krebs** – das Thema wird von hinten nach vorn gespielt
  - → **Augmentation und Diminution** – Verdopplung bzw. Halbierung der Notenwerte
  - → Doppel-, Tripel-, Quadrupelfuge – mit zwei bis vier Themen
- Fugenende: oft besondere **kontrapunktische Verdichtung** (z. B. mehrfache Engführung) und **Orgelpunkt** (lang ausgehaltener Basston, über dem das harmonische Geschehen auch entfernte Tonarten aufsuchen kann)
- In Vokalwerken findet man oft fugenähnliche Abschnitte (**Fugato**), die aber nicht streng durchgeführt werden.

BACH, *Fuge d-Moll WTK I*

- → Exposition beginnt mit der Oberstimme (Dux)
- → reale (notengetreue) Beantwortung auf der Unterquarte (Comes) in der Mittelstimme, dazu Kontrapunkt in der Oberstimme

Bach, *Fuge d-Moll WTK I*

- 3. Themeneinsatz in der Unterstimme in Originaltonart (einen Takt vorher Rückmodulation über Dominantseptakkord A7)
- T. 8: überzähliger vierter Themeneinsatz auf Tonstufe e
- Zwischenspiel T. 9 und 10 (Mittelstimme) mit motivischem Material des Themas aus T. 2 und des Kontrapunkts aus T. 5-6
- 2. Durchführung, Mittelstimme: in T. 12 Umkehrung zunächst des Themenbeginns, in T. 14 des ganzen Themas; in Engführung dazu in T. 13 in der Oberstimme das Thema in A-Dur

Bach, Fuge d-Moll WTK. I

Abi Tipp

FUGE

Fugen gibt es als Vokalgattung schon seit dem 15. Jahrhundert. Sie ist bis heute eine beliebte Gattung für „Kenner" geblieben. Um dabei Spaß zu haben, ist lineares Hören – das Hören und Verfolgen mehrerer gleichzeitig klingender Stimmverläufe – erforderlich. Um in Fuge wirklich fit zu sein, sollten Sie mehrere Fugen verschiedener Komponisten und Zeiten analysieren und aufmerksam wahrnehmend hören.

INSTRUMENTALMUSIK DES BAROCK — Checkliste

Die hier angegeben Begriffe stehen für Themen, die Sie kennen sollten:

- → Generalbass
- → konzertierender Stil
- → Affektenlehre
- → Arie, Arioso
- → Rezitativ
- → Fuge
- → Concerto grosso – Ritornell/concertino/ripieno
- → Stilwandel um 1600 und 1750
- → Solokonzert
- → Solosonate, Triosonate, Kirchensonate, Kammersonate
- → Suite – Allemande/Sarabande/Courante/Gigue/Menuett

MUSIK DER KLASSIK

6

Der Begriff Klassik bezeichnet allgemein das Wahre, Schöne, Mustergültige und Zeitlose. In der Musik versteht man unter **Wiener Klassik** die Zeit von 1750 (dem Todesjahr BACHS) bis 1827 (dem Todesjahr BEETHOVENS) mit Stil und Werken der drei großen Wiener Komponisten (HAYDN, MOZART, BEETHOVEN). Mit dem gesellschaftlichen Wandel von der aristokratisch höfischen Kultur mit Musik in Schloss und Kirche hin zur bürgerlichen Gesellschaft mit Konzerten in Salon und öffentlichen Sälen veränderte sich auch die Stellung des Komponisten vom untergebenen Angestellten hin zum freischaffend genialen Künstler, der seinen Lebensunterhalt von Konzerteinnahmen und Werkveröffentlichungen, aber auch mit Hilfe großzügiger Mäzene bestritt, was an den Biographien der drei oben genannten Komponisten abzulesen ist.

ZENTRALE BEGRIFFE

- **Sonate:** meist mehrsätziges Instrumentalstück für Soloinstrument oder sehr kleine kammermusikalische Besetzung (z. B. Triosonate); wichtigste Instrumentalgattung der Klassik
- **Sinfonie:** mehrsätziges Werk für Orchester in Form einer Sonate; repräsentativste Gattung der Instrumentalmusik
- **Sonaten(haupt)satzform:** Formmodell für den Ablauf des ersten Satzes (Haupt-/Kopfsatzes), oft auch des letzten Satzes, einer Sonate oder Sinfonie mit Gliederung in Exposition, Durchführung und Reprise
- **absolute Musik:** Idealvorstellung einer unabhängigen, „reinen" Instrumentalmusik, die für sich selbst steht und nur ihren eigenen Gesetzen folgt, nicht an außermusikalische Zwecke (z. B. Text oder Programm) gebunden ist.

Stilwechsel Barock – Klassik

Zeitgeschehen/Geistesströmung

- Aufklärung (ROUSSEAU, LESSING, KANT)
- Aufgeklärter Absolutismus
- FRIEDRICH II. von Preußen (1747–1786)
- Klassik in der Literatur (GOETHE, SCHILLER)
- Französische Revolution ab 1789
- NAPOLEON I. (1801–1815)
- ab 1815 Ära METTERNICH/Restauration

- in der Musik fließender Übergang vom Barock zur Klassik
- schon ab 1730 Bevorzugung des **galanten Stils**: kleine Formen, häufige Motivwiederholung, führende kantable Melodie und sparsame Begleitung
- Um 1740 wird **Mannheim** zu einem Zentrum der **Frühklassik** mit einem eigenen Orchesterstil auf Grundlage des **empfindsamen Stils** (Ausdruck des persönlichen Gefühls) sowie des **Sturm und Drang** (gesteigerte Gefühlsbetontheit durch kühne Harmonik, prägnante Rhythmik, starke dynamische Gegensätze).
- Am Stilwandel waren relativ unabhängig voneinander wirkende italienische, französische und deutsche Musiker (z. B. C. PH. E. BACH) beteiligt.
- Die Werke von HAYDN, MOZART und BEETHOVEN zwischen 1781 und 1810 bilden den Höhepunkt der **Wiener Klassik**.

Stilwandel um 1750

- Wegfall des Generalbasses
- Entwicklung einer einfacheren und natürlicheren Harmonik (abgeleitet von der Melodie)
- Ablösung des stilisierten Einheitsaffektes des Barock durch Kontraste auf engstem Raum, erzeugt durch **motivisch-thematische Verarbeitung**, Vielfalt der Ideen und eine differenzierte Dynamik
- bevorzugte Verwendung **symmetrischer, oft 8-taktiger Themen** aus 4-taktigem Vordersatz und 4-taktigem Nachsatz, häufig aus 2-taktigen Motiven zusammengesetzt
- Die bunte Vielfalt des Barockorchesters wurde durch eine **standardisierte, typische Orchesterbesetzung** (zunächst 2 Ob, 2 Hr, Vl 1, Vl 2, Vla, Vc, Kb) ersetzt.

Sonate

- gegen Ende der Renaissance in Venedig entstanden als mehrteiliges, formal freies Instrumentalstück (lat.: *sonare* – klingen)
  - ➞ „Canzona sonata“ = instrumentale Bearbeitung oder stilistische Nachahmung der „Canzona cantata“, der rein vokal ausgeführten Kanzonen
  - ➞ wichtige Komponisten (mehrchöriger Stil): A. und G. GABRIELI
- Die **Reduzierung der Stimmenzahl** im **monodischen Stil des Barock** führt zur **Solosonate** mit und ohne Generalbass und zur **Triosonate** mit zwei Melodieinstrumenten und Basso continuo.
  - ➞ zweiteilige Sätze; beide Teile stehen meist in der gleichen Tonart und werden in der Regel wiederholt
  - ➞ Modulation am Ende des ersten Teils in die Dominante oder in die Durparallele der Molltonika (vgl. späterer Sonatenhauptsatz!)
- Ende des 17. Jahrhunderts zwei Haupttypen bei CORELLI:
  - ➞ **Sonata da chiesa – Kirchensonate**: i. d. R. vier tonartlich verwandte Sätze in der Folge
    → 1. Satz: langsam, gravitätisch imitierend;
    → 2. Satz: schnell, fugiert;
    → 3. Satz: langsam, kantabel, homophon;
    → 4. Satz: schnell, fugiert.
    (BACH übertrug die Kirchensonate von der Triobesetzung auf Violine solo oder auf ein Melodieinstrument mit obligatem Klavierpart und solistischem Continuo.)
  - ➞ **Sonata da camera – Kammersonate**
    Sie beginnt meist mit einem Präludium, dem zwei bis vier Tanzsätze folgen.
- Entwicklung von der barocken Triosonate zur **Sonate der Klassik**
  - ➞ zweites, dem Thema folgendes Motiv nimmt zunehmend den Rang eines **zweiten Themas** ein (in Italien und Mannheim)
- Die Sonate wird zur **wichtigsten Instrumentalgattung der Klassik**
  - ➞ drei bis vier Sätze (→ Formschema S. 109)
  - ➞ gekennzeichnet durch zwei häufig kontrastierende Themen, motivisch-thematische Verarbeitung, periodischen Aufbau der Themen, Struktur der Tonarten sowie Veränderungen von Dynamik, Klangfarbe und Satzstruktur auf kleinstem Raum
  - ➞ Einzelsätze nicht mehr nur aneinandergereiht, sondern als Bestandteil der größeren Form wahrgenommen (**Zyklusbildung**)

MOZART Sonate KV 545 (1788), Exposition

In MOZARTS Sonate KV 545 (1788) bilden die beiden Motive in T. 1 und 2 die erste Gestalt, die mit ihrer Variation in T. 3 und 4 das erste Thema ergeben. Es erklingt über einer Kadenz in pulsierenden Achteln der linken Hand. Das zweite Thema in T. 14 – 17 kontrastiert durch den abwärts gerichteten Dreiklang und eine bogenförmige Melodie über den Sechzehnteln der linken Hand. In T. 22 – 24 wandelt sich eine Variation aus dem 1. Thema in die emphatisch gesteigerte Gestalt des 2. Themas.

Mozart, Sonata facile, Exposition

Kurzbiografie: Wolfgang Amadeus Mozart, 1756 bis 1791

„ich muß über hals und kopf schreiben – komponiert ist schon alles – aber geschrieben noch nicht“
Mozart komponierte meist ohne Skizzen im Kopf und schrieb die ausgearbeiteten Werke rasch in einem Zug nieder (vgl. Zitat). Seine Musik bezeugt tiefstes seelisches Empfinden und ideale Schönheit. Vater Leopold erkannte und förderte schon früh die außergewöhnliche Begabung und zeigte das Wunderkind zusammen mit der Schwester auf Konzertreisen durch Europa, wo dessen Kompositionen, Improvisationen und Virtuosität bestaunt wurden, und er die besten Musiker seiner Zeit kennen lernte.

- 1769 – 1781 Konzertmeister in Salzburg beim Fürsterzbischof
- 1769 – 1773 Reisen nach Italien, 1777 nach Mannheim und Paris
- 1781 nach Zerwürfnis mit dem Erzbischof als freier Künstler in Wien, lebte von Unterricht, Kompositionen und Konzerten
- 1782 Heirat mit Constanze Weber, sechs Kinder; Freundschaft mit Haydn und Baron van Swieten, für den er vier Oratorien Händels bearbeitete
- 1784 Eintritt in Freimaurerloge; Reisen: Prag (1787 Uraufführung von *Don Giovanni*), Dresden, Leipzig, Berlin (1789), in Frankfurt spielte er zur Kaiserkrönung Leopolds II. (1790) die Klavierkonzerte KV 459 u. 537
- 1791 nach Vorahnungen starb Mozart während der Arbeit am *Requiem*

Werke aller Gattungen (KV – Köchelverzeichnis), über 20 Bühnenwerke: opera seria: *Idomeneo* KV 366 (1781), *La clemenza di Tito* KV 621 (1791); opera buffa: *Don Giovanni* KV 527 (1787), *Cosí fan tutte* KV 588 (1790); Singspiel: *Die Entführung* aus *dem Serail* KV 384 (1782), *Die Zauberflöte* KV 620 (1791); 17 Messen: Krönungsmesse KV 317 (1779), *Requiem* d-Moll; 41 Sinfonien, 25 Klavierkonzerte, 5 Violinkonzerte, Konzert für Flöte und Harfe KV 299 (1788), 26 Streichquartette, 18 Klaviersonaten

Formschema der klassischen Sonate

1. Kopfsatz	2. Liedsatz	3. Tanzsatz	4. Finalsatz
oft ernst, schnell, energisch in **Sonatensatzform**	oft langsam und lyrisch Liedform oder Thema mit Variation in verwandter Tonart	Menuett in ABA-Form seit Beethoven Scherzo, kann entfallen	schnell und heiter oft in Rondo- oder Sonatensatzform

Sonatensatzform (auch Sonatenhauptsatzform)	
langsame Einleitung	Charakter oft majestätisch, schreitend; nicht immer vorhanden
Exposition	Aufstellung der beiden Themen; wird in der Regel wiederholt
Hauptsatz	Hauptthema, oft energisch, in der Haupttonart
Überleitung	Fortspinnung des Themas oder neues Material, moduliert in die Tonart des Seitensatzes
Seitensatz	Seitenthema, oft weich, kantabel; steht in der Dominante (D) bei Durtonika, bei Molltonika in deren Parallele (tP), Fortführung des Seitenthemas
Schlussgruppe	steht in der Dominante bzw. Tonikaparallele, bringt neues motivisches Material oder bezieht sich auf den Hauptsatz, oft Dreiklänge und Tonleiterpassagen (Wiederholung der Exposition)
Durchführung	Themen und Motive werden verkürzt und variiert, wandern durch die Instrumente und modulieren in entferntere Tonarten; endet oft auf der Dominante (Halbschluss)
Reprise	nimmt die Exposition wieder auf; mehr oder weniger verändert
Hauptsatz	wie in der Exposition, Überleitung moduliert nicht
Seitensatz	bleibt in der Haupttonart
Schlussgruppe	in der Haupttonart
Coda	Abschluss des Satzes durch Steigerung zum Höhepunkt oder als besinnlicher Rückblick (Reminiszenz), nicht immer vorhanden

Weitere Entwicklung:

- Im *Rückblick* des 19. Jhdts. auf Werke der Wiener Klassik wird dieses Formmodell als Muster- und Regelfall zu deren Erklärung entwickelt
  - → vielfältige Abweichungen
  - → erst mit den Spätwerken HAYDNS und MOZARTS voll ausgebildet
  - → in den Werken BEETHOVENS bereits erweitert und umgewandelt
- In der **Romantik** wurde die Form teils als verpflichtende Norm anerkannt, teils als beengende Einschränkung umgangen.
  - → verliert gegenüber kleineren lyrischen Stücken an Bedeutung
  - → gelegentlich Verschmelzung der Sätze, die auch drei bis vier Themen beinhalten konnten
  - → **Charakterstück**, **Fantasie**, **Variation** und **Etüde** eigneten sich besser, die poetischen oder virtuosen Ideen der Romantiker auszudrücken, als die durch ihre formale Strenge und das Modulationsschema einengende Sonate

- Im **20. Jahrhundert** orientierten sich immer noch viele Komponisten an der Sonate, so die **Neoklassizisten** wie HINDEMITH, aber auch Vertreter atonaler Musik wie EISLER. Die Sonate wurde zum Gerüst einer neuen Klanglichkeit.

Sinfonie

- **Sinfonie der Klassik** = mehrsätziges, größeres und anspruchsvolles Werk für Orchester in der Form einer Sonate
  - → repräsentativste Gattung der Instrumentalmusik, ein Höhepunkt in der Entwicklung der Instrumentalmusik seit 1600
  - → gilt als Inbegriff **absoluter Musik** – In ihr drücken die Komponisten ihre bedeutsamsten musikalischen Gedanken aus, sie richtet sich in ihrer Spätform mit den ihr innewohnenden Ideen an die ganze Menschheit.
  - → gleicht formal der Sonate, unterscheidet sich aber durch die orchesterspezifisch reicheren klanglichen und dynamischen Ausdrucksmöglichkeiten

Herkunft des Begriffs

Sinfonia (it. aus gr.: Übereinstimmung, Zusammenklang)
- → 17. Jhdt.: Bezeichnung für die Ouvertüren und Zwischenspiele in Opern und Oratorien, seit 1650 auch für den Einleitungssatz der Suite
- → bereits dreiteilig angelegt (schnell – langsam – schnell): energisches Allegro – kantabler überleitender Mittelteil – lebhafter Tanzsatz im Dreiertakt; später Einfügung des Menuetts als drittem Satz vor dem Finalsatz (außer in Norddeutschland)
- → bald selbstständiges Konzertstück bei festlichen Anlässen

- unterliegt ebenfalls dem **Stilwandel** ab 1730: Ablösung des komplexen spätbarocken Stils durch eine neue einfachere, kadenzierende Harmonik auf Grundlage der Melodielinie, durch Symmetrie der Perioden und durch transparentere Satzweise
- Entwicklung der **Sonatenhauptsatzform** als Folge von
  - → **Entwicklung**, **Abwandlung und Verarbeitung des thematischen Materials**,
  - → **Dreiteiligkeit** durch Wiederaufnahme des 1. Teils (**Reprise**) und
  - → Einführung eines zweiten kontrastierenden Themas

- an der Entwicklung beteiligt:
  → **Oberitalien** mit SAMMARTINIS schwungvoll pulsierenden, dreisätzigen Sinfonien
  → der im italienischen Stil mit sanglicher Melodik und kontrastierenden Motiven komponierende J. CHR. BACH
  → die **Berliner Schule** unter Friedrich II., die mit C. PH. E. BACH eher die barocke Tradition mit ernsterem Charakter ohne Menuett pflegte und
  → die **Mannheimer Schule** (Orchester des Kurfürsten KARL THEODOR) mit ihrem Gründer STAMITZ und zwei Generationen von hervorragenden Musikern und Komponisten wie RICHTER, HOLZBAUER und FILTZ, die Wesentliches zur Sinfonie beisteuerten

Neuerungen der Mannheimer Schule

- Die Komposition geht ohne Generalbasskonzeption von der Melodie aus;
- die geradzahlige Motivgliederung zeigt klare, tanznahe Periodik;
- die kleingliedrige Themenstruktur erlaubt Verkürzung und Abwandlung, die als **Mannheimer Manieren** bekannten Effekte wie z. B. das crescendo bei gleicher Harmonik oder die „Rakete" (fanfarenartig aufsteigende Dreiklangsbrechungen) sowie klangliche und dynamische Kontraste auf kleinstem Raum.
- Entwicklung eines selbstständigen und reichen Bläsersatzes (erst in der späten Wiener Klassik wieder erreicht)

- JOSEF HAYDN als eigentlicher **Schöpfer der klassischen Sinfonie**
  → 104 Sinfonien umfassendes Werk, das sich über alle Schaffensperioden erstreckt
  → fasst darin die vorausgegangenen Einflüsse zusammen und prägt in den späteren Sinfonien den klassischen Typus aus
  → Kompositionen zeugen von großer **melodischer Erfindungskraft, geistvoller thematischer Arbeit und Instrumentation** sowie **überraschenden bis humorvollen Einfällen.**
- **Idealtypus Sinfonie** erst ab 1780 mit den vollgültigen Meisterwerken HAYDNS (6 *Pariser*, 12 *Londoner Sinfonien*) und MOZARTS (vor allem den drei letzten 1788 komponierten *Es-Dur*, *g-Moll*, und *C-Dur* (*Jupiter*))
  → MOZARTS sinfonisches Schaffen ist gekennzeichnet durch **Eleganz und Kantabilität**.
- BEETHOVENS sinfonischer Stil schon mit den ersten beiden Sinfonien (1800/1802) voll ausgebildet

- Orchester jetzt regelmäßig mit je zwei Flöten, Oboen, Klarinetten, Fagotten, Hörnern, Trompeten und Pauken besetzt
- ab der zweiten Sinfonie: **lebhaftes Scherzo anstelle des langsameren Menuetts**
- Typus der **Ideensinfonie** ab BEETHOVENS 3. Sinfonie, der *Sinfonia Eroica* (ebenso seine 5. und 9. Sinfonie): Alle Sinfonien haben eine **eigene unverwechselbare Gestaltung** mit zwingendem thematischen Zusammenhang aller Teile, harmonischer Kühnheit, rhythmischer Vitalität und Themen mit großer Prägnanz und Aussage.
- Anregung für viele spätere Komponisten, z. B.
  - die Einbeziehung des Chores bei MENDELSSOHN-BARTHOLDY und MAHLER,
  - die Fünfsätzigkeit bei BERLIOZ,
  - die Einbeziehung von poetischen Ideen wie Eindrücken von Landschaften bei SCHUMANN und MENDELSSOHN-BARTHOLDY,
  - die motivische Rückblende im Finalsatz bei BRUCKNER und DVOŘÁK.

Kurzbiografie: LUDWIG VAN BEETHOVEN, 1770 bis 1827

„Höheres gibt es nicht, als der Gottheit sich mehr als andere Menschen nähern und von ihr aus die Strahlen der Gottheit unter das Menschengeschlecht zu verbreiten.“

- 1781 gefördert durch Hoforganist C. G. NEEFE, Bonn
- 1787 nur einige Wochen lang Schüler MOZARTS in Wien, wegen Tod der Mutter Rückkehr nach Bonn
- 1792 endgültige Übersiedlung nach Wien, Unterricht bei SALIERI u. a., unregelmäßig auch bei HAYDN; lebt als freischaffender Künstler von Unterricht, Konzerten und Kompositionen; Empfehlung beim Adel (LICHNOWSKY, ESTERHÁZY, BRUNSWICK u. a.) durch Graf WALDSTEIN
- ab 1795 beginnendes Gehörleiden, zunehmende Schwerhörigkeit, ab 1818 vollständig taub; „Heiligenstädter Testament“ (1802), Rückzug aus der Gesellschaft, Isolierung, Konversationshefte; künstlerische Gestaltungskraft und Fantasie bleiben durch inneres Vorstellungsvermögen erhalten und führen zusammen mit seinem Kunstverständnis und den Idealen Freiheit und Brüderlichkeit zu einem Werk mit tiefer innerer Bedeutsamkeit und Ausstrahlung, getragen vom neuartigen, ethisch fundierten Sendungsbewusstsein des Künstlers (vgl. Zitat).

Werke:
3 Perioden – erste Periode bis 1802, mittlere Periode bis 1814, dann Spätwerk; 9 Sinfonien, Konzerte: 5 Klavierkonzerte, Tripelkonzert für Vl., Vc. u. Kla. (1804), Violinkonzert D-Dur (1806); Oper: *Fidelio* (1805); 2 Messen: *Messe in C-Dur op. 86* (1807), *Missa solemnis D-Dur op. 123* (1823); Ouvertüren, Schauspielmusiken; 32 Klaviersonaten: c-Moll op.13 *Sonate pathétique* (1798), cis-Moll op.27,2 *Sonata quasi una Fantasia* (1801, sogenannte *Mondscheinsonate*), B-Dur op.106 *Große Sonate für das Hammerklavier* (1818); 16 Streichquartette, 9 Klaviertrios, 10 Violinsonaten, Klaviervariationen, *Diabelli-Variationen* 1823, u.a.

Beethoven 5. Sinfonie c-Moll (1808), 1. Satz

- Beginn mit einem Klopfmotiv aus vier, unisono vom Orchester gespielten Tönen von elementarer Wucht und Eindringlichkeit, Verstärkung dieser Wirkung durch sofortige Sequenzierung (Wiederholung auf einer anderen Tonstufe)

- **Hauptthema:** mehrfaches Übereinanderschichten des Urmotivs zunächst in der Tonika (c-Moll), dann mit erhöhter Spannung in der Dominanttonart (G-Dur)

- Fortsetzung des Hauptthemas: Weiterentwicklungen des Urmotivs

- **Überleitung** zum lyrischen, weich fließenden **Seitenthema** in Es-Dur (= Tonikaparallele) durch ein Hornsignal aus Urmotiv und zwei abwärtsgerichteten Quinten

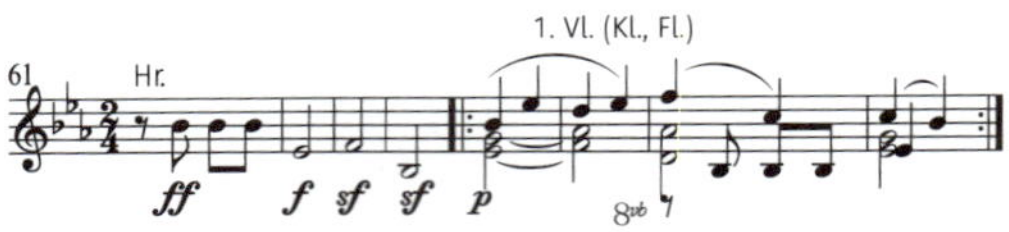

- **Schlussgruppe:** Umwandlung des Urmotiv in abwärts führende Tonleitern und Akkorde

- **Durchführung** dominiert vom hämmernden Rhythmus des Urmotivs

  → Hauptmotiv nun vom Horn (Exposition: Streicher), die Überleitung zum 2. Thema von den Streichern gespielt (Exposition: Horn)

  → Seitenthema: auf seine Einleitung, bestehend aus dem Motiv des ersten Themas, reduziert und dann auch noch zerstückelt

- **Reprise:** entspricht der Exposition, nur erweitert durch einen eingeschobenen Kadenztakt der Oboe (allerdings mit großer Wirkung und Aussage)

- Die **Coda** schärft die harmonische Wirkung des Urmotivs und führt zu einer ekstatischen Steigerung.

Solokonzert

Die große Faszination des Solokonzerts beruht auf der **Farbigkeit einer Sinfonie** mit ihren gegensätzlichen Themen, der motivisch-thematischen Verwandlung und Verarbeitung, der Kontraste in Klangfarbe und Satzstruktur, dem ausdrucksvollen und technisch brillanten Spiel des gefeierten **Virtuosen** und zusätzlich dem **Klangkontrast** zwischen Soloinstrument und Orchester, welcher schon im Barock ein wichtiges Merkmal der Attraktivität eines Konzerts bildete.

Merkmale des klassisch-romantischen Solokonzerts	
	entspricht **Sonate für Orchester und Soloinstrument**, ABER mit nur drei Sätzen (vgl. Barock; Tanzsatz fehlt): → schneller, energischer **Kopfsatz** in der Sonatenhauptsatzform, → kantabler **Liedsatz** und → **Finalsatz**, spielerisch bis virtuos, meist in Rondoform
Orchester-exposition	• ohne Solist • Haupt- und Seitenthema meist etwas kürzer und schmuckloser vorgestellt • Seitenthema verbleibt in der Haupttonart
Solo-exposition	• Solist spielt vom Orchester begleitet eine ausdrucksvollere und stärker ausgezierte Fassung der Themen • Seitensatz wechselt wie in der Sonate in die Dominante oder in die Tonikaparallele (bei Haupttonart in Moll) • durch Dialog zwischen Solist und Orchester und eingefügte Solopassagen **länger** als die Orchesterexposition
Solokadenz	= solistischer Einschub **am Ende der Reprise** als Höhepunkt des Satzes • eingeleitet vom Orchester mit dem typischen Quartsextakkord der Tonika • Möglichkeit für den Solisten, ohne Orchester seine virtuose und künstlerische Ausdruckskraft zu beweisen • Rückgriff auf vom Komponisten oder von anderen Interpreten bereits vorliegende Kadenzen ODER eigene Komposition bzw. Improvisation (bis BEETHOVEN üblich) • oft motivisches Material aus dem vorausgegangenen Satz, kann aber auch völlig neue Musik beinhalten.

BEETHOVEN, Klavierkonzert Nr. 3 c-Moll op. 37(1800), Vergleich des Hauptthemas in Tutti- und Soloversion

- Aufbau des Themas aus **8-taktiger Periode**:
  - → **Vordersatz**: 4-taktiges Motiv aus aufsteigendem Dreiklang und abwärtsgeführter Tonleiter mit doppelter Kadenzierung, unisono auf der Tonika c-Moll erklingend
  - → **Nachsatz**: Wiederholung dieses Motivs auf der Dominante G-Dur, harmonisch ausgefüllt
  - → eher ernster, energischer Charakter; zeigt in sich selbst schon die Merkmale Kontrast und Weiterentwicklung
- knappe Vorstellung dieses Themas in der **Tutti-Exposition**, im Vergleich dazu die ausgeschmücktere, virtuosere **Solofassung**:

Beethoven, Klavierkonzert Nr. 3 c-Moll op. 37(1800), Vergleich des Hauptthemas in Tutti- und Soloversion

- **Weiterführung** des Hauptthemas (T. 9-16) lyrisch fließend, aus Sekundschritten bestehend mit einem typischen Seufzervorhalt im jeweils 2. Takt des zweimal höher wiederholten Zweitaktmotivs
  → In der Soloversion wird die virtuosere Ausgestaltung z. B. mit den Sechzehntelläufen über Achteltriolen besonders deutlich

Streichquartett

„Man hört vier vernünftige Leute sich untereinander unterhalten, glaubt ihren Discoursen etwas abzugewinnen und die Eigenthümlichkeit der Instrumente kennenzulernen." J. W. VON GOETHE

ZUM BEGRIFF: STREICHQUARTETT

Ensemble aus zwei Violinen, Viola und Violoncello und die Kompositionen dafür; gilt allgemein als anspruchsvollste und typisch klassische Gattung der Kammermusik

- beteiligte Streichinstrumente gehören zur Familie der Violineninstrumente, die sich auszeichnen durch
  - → einen **enormen Tonumfang** von jeweils vier Oktaven (Vl: g – g^4, Vla: c – c^4, Vc: C – c^3), der sich gegenseitig überlappt,
  - → **vielseitige klangliche Möglichkeiten** durch verschiedene Artikulation und Bogentechnik, große dynamische Flexibilität, die Möglichkeit zu schnellsten Passagen, großen Sprüngen und mehrstimmigem Spiel
  - → Eignung sowohl zu solistischem als auch begleitendem Spiel
  - → Entsprechungen zu den **menschlichen Stimmgattungen** (Violinen – Sopran und Alt, Viola – Tenor, Violoncello – Bass). → Schon seit der Vokalpolyphonie der Renaissance galt die **Vierstimmigkeit als vielseitigste Satzgrundlage**.
- ideale Versuchsgattung für neue musikalische und formale Ideen
  - → Bandbreite der Literatur von leichten Stücken für den Liebhaber (**Dilettant**, it.: *diletto* – Vergnügen) der bürgerlichen Hausmusik bis zu virtuosen Quartetten, in welchen auch Berufsmusiker durch solistische Aufgaben herausgefordert wurden
  - → in der Regel vielschichtige motivisch-thematische Verflechtungen zwischen allen vier Stimmen (im Gegensatz zu den mehr flächig plakativen Themen der klassischen Sinfonien)

Entwicklung des Streichquartetts	
1	Entstehung um 1700 aus der barocken **Triosonate** für zwei Melodiestimmen und Generalbass • Bratsche übernimmt beim Wegfall des Generalbasses die rechte Hand des Cembalos als „obligates Accompagnement“ • erste Quartette noch mit unterhaltendem Divertimentocharakter • weitere Entwicklung führt bis zu den dichten musikalischen Kunstwerken der späten Quartette BEETHOVENS, in welchen polyphone Strukturen, die Dramatik der Sonatenform und die poetischen Einflüsse der beginnenden Romantik in der konzentrierten Form der Kammermusik zusammengefasst wurden
2	Begründung des **klassischen Streichquartetts** durch HAYDN und Vollendung der Gattung in seinen ca. 80 Quartetten • Übertragung der motivisch-thematischen Arbeit der Sinfonie auf das Quartett durch Beteiligung aller vier Stimmen an der Entwicklung der thematischen Gedanken (analog zur barocken Fuge) → großer Beziehungsreichtum der Stimmen untereinander und satztechnische Verdichtung
3	Die innere Struktur des Streichquartetts ist mit seiner Beteiligung aller Stimmen, der polyphonen Strenge und Ausgewogenheit eher klassisch bestimmt. • in der **Romantik** daher nur Streichquartette von der konservativen Richtung zugerechneten Komponisten um SCHUMANN und BRAHMS, keine von LISZT und WAGNER • romantische Streichquartette auch aus Frankreich (SAINT-SAËNS, FRANCK, FAURÉ) und osteuropäischen Ländern (TSCHAIKOWSKI, BORODIN, DVOŘÁK, SMETANA)
4	Beiträge des **20. Jahrhunderts**: Streichquartette der 2. Wiener Schule um SCHÖNBERG, WEBERN und BERG; BARTÓKS sechs Streichquartette; aus jüngerer Zeit NONO (*Stille, Fragmente, An Diotima*) und SCHNITTKE
5	Im **gegenwärtigen Konzertbetrieb** ist auffällig, dass viele der äußerst virtuosen Kammermusikensembles eine Ausweitung des Repertoires zu erzielen versuchen. • Werke aus dem Bereich der Minimal Music von PHILIP GLASS (*Streichquartett Nr. 2* aus dem Jahr 1966) oder STEVE REICH (*Different Trains* für Streichquartett und Tonband von 1988) • auch „Ausflüge“ etwa in die Folkmusik oder den Jazz

Kurzbiografie: JOSEF HAYDN, 1732 bis 1809

„Ich war von der Welt abgesondert, Niemand in meiner Nähe konnte mich an mir selber irremachen und quälen und so musste ich original werden."

- 1740 Sängerknabe am Stephansdom in Wien
- 1749 nach Stimmbruch „kummerhafte" Jahre als Gelegenheitsmusiker durch Unterricht und Spiel, unter anderem bei N. PORPORA
- 1759 Kapellmeister bei Graf MORZIN ZU LUKAWITZ bei Pilsen
- 1761–1790 Vizekapellmeister am Hof der Fürsten Esterházy, ab 1762 bei Fürst NIKOLAUS, „dem Prachtliebenden" in Eisenstadt; ab 1769 Sommeraufenthalt im Schloss Esterházy am Neusiedler See, Winter im Stadtpalais in Wien, Musikerfamilien mussten in Wien bleiben: Entstehungsursache der *Abschiedssinfonie* (1772)
- 1766 1. Kapellmeister, wöchentliches (!) Arbeitspensum: zwei Opernaufführungen, zwei Orchesterkonzerte, dazu Kirchenmusik sowie viele Kammermusiken in Schloss und Park
- 1790 nach Tod des Fürsten und Auflösung der Kapelle lebte „Papa" HAYDN mit guter Pension als in ganz Europa hoch geachteter Komponist in Wien.
- 1790 u. 1794 zwei Reisen nach England, *Londoner Sinfonien*, Anregung durch HÄNDEL-Oratorien zu Komposition eigener Oratorien

Werke: (Hob. = Hoboken-Verzeichnis)
104 Sinfonien: z. B. Nr. 6 – 8 Programmsinfonien *„Le matin ..."* (1761), Nr. 73 *„La chasse"* (1781), Nr. 93 –104 *Londoner Sinfonien*; Divertimenti, 24 Klavierkonzerte, 24 Konzerte für verschiedene Instrumente mit Orchester, 10 erhaltene Opern, 14 Messen, Oratorien: *Die Schöpfung* (1798), *Die Jahreszeiten* (1801); Solokantaten, Lieder; 83 Streichquartette: *Russ. Streichquartette op.*33 (1881); Streichtrios, Klaviertrios, 52 Klaviersonaten

Variation

- Variation (lat.: variatio – Veränderung): meint *im weiten Sinne* jede **abwandelnde Veränderung** und ist mit **Wiederholung und Kontrast** ein Grundprinzip jeder künstlerischen Gestaltung
  - → bei **Komposition und Improvisation** Veränderung je einiger der Parameter Melodik, Rhythmik, Harmonik, Klangfarbe, Dynamik, Besetzung usw. (nie jedoch alle gleichzeitig!)
  - → entspricht dem Urbedürfnis des Musikers, seine kreative Phantasie und sein instrumentales Können unter Beweis zu stellen
- Variation in größeren Formen, um **Wiederholungen auszuschmücken**, so z. B. bei der Reprise der Da-capo-Arie (→ S. 66) oder der Soloexposition im klassisch-romantischen Solokonzert

VARIATION IM ENGEREN MUSIKALISCHEN SINNE:

Reihungsform, in welcher ein meist kurzes, prägnantes Modell verschiedenen exemplarischen Veränderungen unterworfen wird

- bis ins 18. Jhdt. Zusammenhalt der **Variationenreihe** durch die formbildende Kraft des Themas
  - → Variationen i. d. R. beschränkt auf die Umgestaltung der Melodie oder des Begleitsatzes (z. B. BACH, *Goldberg-Variationen* 1742).
- vorläufiger **Höhepunkt** der Gattung Variation in der Klassik durch die neue Ausprägung der **Charaktervariation** in Verbindung mit **motivisch-thematischer Arbeit**
- starke Weiterentwicklung zum **Variationenzyklus** (v. a. mit MOZART und BEETHOVEN), welcher die einzelne Variation als funktionales Glied einer größeren Einheit begreift (vgl. Sonatenentwicklung)
- wachsende Differenzierung und Kontrastwirkung vor allem der **Charaktervariationen** machten eine formbildende Klammer notwendig:
  - → innere Bezugnahme der Elemente oder
  - → formbildender Rahmen durch Wiederaufgreifen des Themas am Schluss der Variationen bzw. durch Ergänzung von Introduktion und Coda
  - → Vor allem ab der Romantik endete der Variationenzyklus oft mit einer Fuge.

Grundtypen der Variation

Cantus-firmus-Variation:

- Melodie bleibt als „feststehender Gesang“ (= cantus firmus) erhalten, alle anderen Elemente wie z. B. Harmonik, Rhythmik oder Instrumentation können verändert werden.
- zu einem gleichbleibenden Thema können jeweils neue kontrapunktierende Stimmen hinzugesetzt werden, so z. B. in den Messen und Motetten der Niederländischen Vokalpolyphonie

Melodievariation/Figuralvariation:

- Melodie wird umgestaltet durch „Figurierung“, Verzierungen, Takt- oder Tonartwechsel, Motivveränderungen und -abspaltungen.
- Melodiegerüst des Themas bleibt in Form und Harmonik erhalten.

Mozart, Klaviersonate A-Dur KV 331

Ostinatovariation:

Über einer ständig wiederholten, vier- oder achttaktigen Bassmelodie, oft mit zugehöriger kadenzierender Akkordfolge, werden immer neue melodisch-rhythmische Variationen entwickelt, meist Chaconne oder Passacaglia genannt.

Charaktervariation/Phantasievariation:

Aufgreifen spezieller Motive oder harmonischer Wendungen des Themas und so starke melodische, rhythmische und harmonische Veränderung, dass ein eigenständiger, zur Vorlage kontrastierender Charakter entsteht.

- SCHUBERTS und MENDELSSOHNS Variationen sind Folgen von Stimmungsbildern.
- SCHUMANN setzt bei der Variation von Motiven an. Seine Fantasievariation *Carnaval* (1834/35) besteht aus einer losen, dabei poetisch begründeten Folge von Charakterstücken.
- Die Variationenwerke von BRAHMS und REGER orientieren sich eher an BACH und BEETHOVEN.

20. Jahrhundert:
- Variation als zyklische Reihungsform durch STRAUSS, SCHÖNBERG, WEBERN, STRAWINSKI, HINDEMITH u.a. wieder aufgegriffen
- Zwölftonmusik sowie serielle Technik: Variationen der entsprechenden Grundreihen als grundlegendes Kompositionsprinzip

Minimal Music (um 1970): verwendet Variation auf neue, von fernöstlichen Musiktraditionen inspirierte Weise
- rhythmisch-melodische Figuren (Pattern) werden wiederholt und minimal variiert
- Entstehung oft sehr lange dauernder, rhythmisch komplexer Klangflächen mit tranceartiger Wirkung

MUSIK DER KLASSIK — Checkliste

Setzen Sie sich mit diesen Begriffen und Personen auseinander.

- → Stilwandel um 1750
- → galanter und empfindsamer Stil
- → Sturm und Drang
- → Mannheimer Schule
- → 8-taktige Periode
- → standardisiertes Orchester
- → Streichquartett
- → Sonate (Gattung, Satzfolge)
- → Sonaten(haupt)satzform (Tonartenschema)
- → motivisch-thematische Verarbeitung
- → Themendualismus
- → Sinfonie
- → Menuett, Scherzo
- → Solokonzert
- → Solo- und Orchesterexposition
- → Solokadenz
- → Variation
- → HAYDN
- → MOZART
- → BEETHOVEN

7

MUSIK DES 19. JAHRHUNDERTS

Grundsätzliches

Das 19. Jahrhundert wird als musikalische Epoche auch mit dem von der Literatur geprägten, musikalisch unscharfen Begriff **Romantik** bezeichnet. Die Musik gilt als universale Kunst, die poetischen Gehalt übermittelt und durch die direkt das Innere des Menschen ausgedrückt und angesprochen werden kann. Die Ausgewogenheit von Form und Inhalt der klassischen Epoche wird durch die Betonung des subjektiven gefühlvollen und fantasievollen Ausdrucks überlagert. Die klanglichen Ausdrucksmittel des Orchesters werden erweitert ebenso wie die Mittel der Harmonik. Eine enge Verbindung von Musik und Literatur entsteht.

ZENTRALE BEGRIFFE

- **Charakterstück:** ein kurzes von einer poetischen Idee bestimmtes Instrumentalstück meist für Klavier ohne feste Form, oft durch einen Titel näher bestimmt wie z. B. „Träumerei" oder „Nocturne"
- **Sinfonische Dichtung:** ab 1850, für sinfonisches Orchester, orientiert sich nicht an der Formgestalt einer Sinfonie, sondern an einer außermusikalischen Idee
- **Musikdrama:** durch WAGNER um 1850, Gesamtkunstwerk mit einer bis dahin unbekannten Verflechtung der Teilkünste Wort, Ton, Handlung, Schauspiel und Bühnenausstattung
- **Leitmotiv:** Ein charakteristisches wiederkehrendes Motiv, welches symbolisch für Personen, Gegenstände, Stimmungen usw. steht und dabei dem Verlauf einer Handlung entsprechend variiert werden kann.
- **Klavierbegleitetes Lied:** romantische Idealverbindung von Poesie und Musik, wird durch SCHUBERTS Schöpfungen zum **Kunstlied**, gewinnt als **zentrale Gattung** europäisches Ansehen
- **Solokadenz:** im ersten Satz (→ **Sonatenhauptsatz**) am Ende der Reprise stehender solistischer Einschub, eingeleitet vom Orchester mit dem typischen Quartsextakkord der Tonika, gibt dem Solisten die Möglichkeit, ohne Orchester seine virtuose und künstlerische Ausdruckskraft zu beweisen

	Gemeinsame, teilweise widersprüchliche Merkmale
1	Überlieferte **Formen** werden durch fantasievolle Ausgestaltung überlagert und teilweise aufgelöst.
2	**gemeinsame Themen aller Künste:** Stimmungsvolles, Sagenhaftes, Fantastisches, Fremdes, Volkstümliches, Verklärung der Vergangenheit, Naturgefühl und Todessehnsucht
3	**Der romantisch freischaffende Künstler,** vom Einzelgänger bis zum umjubelten Star, wagt und lebt stellvertretend für den „spießigen" Bürger die Träume und das Extreme (auch Dämonisches).
4	Der Violinvirtuose **PAGANINI** schürt selbst den Publikumsglauben über seine Verbindung zum Dämonischen durch entsprechende Legenden **(Virtuosentum)**.
5	Der **Komponist** schreibt nun für ein anonymes Publikum im Zwiespalt zwischen dem hohen Anspruch eigener Ideen und einem gefälligen Publikumsgeschmack.
6	**Charakter der Kompositionen:** • von volksliedhafter Schlichtheit bis zur Komplexität der virtuosen oder dramatischen Werke • von idealistischem Überschwang bis zu Parodie und Resignation
7	**Volkslied:** idealisiertes Symbol des vom Menschen noch nicht kontrollierten Urwüchsigen
8	nebeneinander existierende musikalische **Gattungen**: • **Klaviersonate + Charakterstück:** poetisch erfüllt, formal frei • **Sinfonie + Sinfonische Dichtung**: bereichert die Orchestersprache durch die immer neuen Versuche, Gegenständliches in der Musik abzubilden.
9	**Oper** beschäftigt sich mit Sagen und Märchen, überwindet die starre Form der **Nummernoper** und die verschiedenen **Opernsparten**.
10	WAGNER schafft im Bemühen um das Gesamtkunstwerk das **Musikdrama** mit einer zuvor unbekannten Verflechtung aller Teilkünste.
11	**Rückbesinnung auf vergangene Epochen:** Neuentdeckung und kompositorische Auseinandersetzung mit der Musik BACHS und PALESTRINAS
12	**Hausmusik und Chormusik:** Ausdruck der bürgerlichen Kunstbeschäftigung in Verbindung mit dem Verlagswesen, führt zur Verbreitung einer unterhaltenden Gebrauchsmusik **(Salonmusik)**
13	In der Klassik entwickelte **Stilmittel** werden in der Romantik gesteigert, differenziert und schließlich bis zur Auflösung weitergeführt.
14	**Kein klares Stilmerkmal für die Epochengrenze Klassik-Romantik**; noch während BEETHOVENS mittlerer Schaffensperiode waren die ersten „romantischen" Werke komponiert, so SCHUBERTS Erlkönig (1815) oder WEBERS Freischütz (1820).

Zeitgeschehen/Geistesströmung

- Wiener Kongress 1814/15; danach Polizeiwillkür und Zensur
- Märzrevolution 1848; Restauration, industrielle Produktion (ab 1850), Verelendung, Massengesellschaft
- Politischer Sozialismus (MARX); 2. Deutsches Reich (1871)
- naturwissenschaftlich-technischer Fortschritt
- Verstädterung; Rückzug ins Private
- Kluft zwischen bürgerlicher Welt und Künstler und zwischen idealisierter Traumwelt und unerträglicher Realität
- **Bildungsbürgertum** wird zum Träger von Kunst und Kultur.

Stilphasen	
1. Frühromantik 1800 –1830 E. T. A. HOFFMANN, C. M. VON WEBER, F. SCHUBERT	**3. Spätromantik** 1850 –1890 F. LISZT, R. WAGNER, A. BRUCKNER, J. BRAHMS, H. WOLF
2. Hochromantik 1830 –1850 H. BERLIOZ, F. MENDELSSOHN-BARTHOLDY, R. SCHUMANN, F. CHOPIN, F. LISZT, R. WAGNER (Werke bis 1850)	**4. Nachromantik** 1890 –1914 G. MAHLER, R. STRAUSS, M. REGER

Stilmittel der Romantik

Harmonik

- zunehmend **spannungsvollere Klänge** auf Grundlage des Dur-Moll-Systems
- **entfernte Tonarten** unmittelbar kontrastierend aufeinander folgend oder durch zunehmende Chromatisierung unmerklich fließend verbunden, oft als **Medianten** eine Gegenwelt symbolisierend
- Akkordaufbau durch **Terzschichtungen** und **Alteration** komplizierter und harmonisch mehrdeutig
- **Unaufgelöste Dissonanzspannungen und harmonische Vieldeutigkeiten** bereiten den Boden vor für die Ausweitung und letztendlich die Aufhebung der **Tonalität** im 20. Jahrhundert.

Melodik

- **8-taktige Periode** bildet noch oft, wenn auch verschleiert, die Grundlage der melodischen Erfindung, im Gegensatz dazu:
  - die sehr lange, **unsymmetrische Melodie**, als unendliche **Melodie** von WAGNER in den sinfonisch polyphonen Orchestersatz eingewoben
  - das kurze **Melodiefragment**
- Melodien sind stärker an bestimmte harmonische Vorgänge und instrumentale Klangfarben geknüpft. Sie verlieren ohne diese harmonische Begleitung viel von ihrer Wirkung, sind somit schwerer motivisch zu verarbeiten.

Dynamik und Artikulation

- werden vom Komponisten sehr differenziert vorgegeben
- erreichen extreme Spannweiten und Kontraste sowie feinste Nuancierungen
- erscheinen im Notentext in sehr hohem Dichtegrad
- binden die Ausführenden strikt an den ein Kunstwerk schaffenden kompositorischen Ausdruckswillen

Klang

- Auf der Suche nach neuen klanglichen Möglichkeiten erkunden Virtuosen und Komponisten **extreme Klangbereiche** und **neue Spieltechniken** der Instrumente.
- **Instrumentale Klangfarben** werden bewusst **tonmalerisch** verwendet z. B. das Horn für Nacht und Wald.
- Der **Klang des romantischen Orchesters** wird bereichert durch
  - **hinzukommende Instrumente** (Piccoloflöte, tiefe Holz- und Blechbläser, Schlagwerk),
  - **differenzierte Instrumentation,**
  - **ungewöhnliche Spielweisen** für effektvolle Tonmalereien (Flatterzunge, Glissando, Flageolett u. a.).

Rhythmus, Metrum, Tempo

- Der Akzentstufentakt bleibt weiter gültig.
- Der Rhythmus löst sich oft von den Taktschwerpunkten.
- Vielfach werden gerade und ungerade Rhythmusschichten übereinandergelegt **(Polyrhythmik)**.

Agogik

→ **gebundenes tempo rubato:** freie Melodielinie über exakter Begleitung, schon seit dem Barock geläufig; hinzu kommt
→ **freies tempo rubato:** auch das Grundtempo variiert

Charakterstück

- kurzes Instrumentalstück meist für Klavier
- von einer poetischen Idee bestimmt, meist in lyrischer Stimmung
- ohne feste Form, jedoch oft in dreiteiliger Liedform ABA
- wird durch einen oft erst nach dem Kompositionsvorgang zugeordneten Titel näher bestimmt wie z. B. „Träumerei" oder „Nocturne"
- steht zwischen Programmmusik und absoluter Musik
- ist eher assoziativ empfindend als bildhaft beschreibend
- wird in der Romantik zu einer wichtigen Gattung
- Vorläufer schon in Barock und Klassik
- oft in Zyklen zusammengefasst:
  SCHUBERT *Impromptus, Moments musicaux;*
  MENDELSSOHN-BARTHOLDY *Lieder ohne Worte;*
  SCHUMANN *Album für die Jugend, Papillons, Kinderszenen, Waldszenen;*
  TSCHAIKOWSKI *Kinderalbum*
- beinhaltet im weiteren Sinne auch Stücke mit stark ausgeprägtem musikalischem Charakter ohne individuellen Titel, so z. B. Präludien (Préludes), Tänze, Märsche, Fantasien, Bagatellen, Albumblätter, Balladen, Intermezzi, Nocturnes und Romanzen

Abi Tipp

CHARAKTERSTÜCK IM ABITUR

- Charakterstücke sind relativ häufig in Abituraufgaben zu finden, da sie relativ kurz und nicht zu komplex sind. Häufig sollen dabei durch einen Vergleich von Werken aus verschiedenen Epoche deren typische Merkmale dargestellt werden.

Charakterstück – TSCHAIKOWKI, *Süße Träumerei*

- **Poetische Idee:** zweitaktige Melodie in Sekundschritten aufsteigend, wird dann im Quintsprung nach unten geführt
- Begleitung: in Gegenrichtung geführte zweite Stimme, nachklappende Achtelbegleitakkorde, wechseln meist pro Takt die Harmonie
- Auf Schlag drei oder auf die nachfolgende Eins erscheint ein sanfter Spannungsakkord, der sich im Folgenden auflöst.
- Wiederholung der Anfangstakte nach einer regelmäßigen 8-taktigen Periode
- Das ganze Stück ist ausschließlich aus dem motivischen Material der ersten beiden Takte abgeleitet und besteht aus drei Teilen ABA (nur der A-Teil ist hier abgedruckt).

Sinfonische Musik der Romantik

Sinfonische Musik nach BEETHOVEN

- **Sinfonisches Schaffen** bleibt bedeutend neben **Solokonzert, Oper** und den wichtiger werdenden kleinen Formen **Kunstlied** (→ S. 45 f.) und **Charakterstück**.
- zunehmende **Komplexität der Sinfonie** durch **dichter werdende Verflechtung von Themen und Motiven** auch in den Folgesätzen und die **Wiederaufnahme von Themen im Finalsatz**
- **Einzelsätze** teilweise sehr **lang**, manchmal mit **drei Themen**

- **Themen** werden oft nicht mehr als fertige Gestalt eingeführt, sondern **entwickeln sich aus einer Art Keimzelle**, einem Intervall oder einem kleinen Motiv, und werden sofort weiterentwickelt und variiert.
- Nach BEETHOVEN, der in seinen Sinfonien für die nachfolgenden Komponisten den Eindruck unerreichbarer Vollendung hinterließ, entwickelte sich die sinfonische Musik in **zwei gegensätzliche Richtungen**, die sich jedoch beide auf ihn, speziell auf seine **6. Sinfonie *Sinfonia Pastorale*** beriefen. Deren Satzfolge und innere Struktur ist **klassisch**, doch tragen die Sätze poetische Titel.
  - → Die Vertreter der **absoluten Musik** gehen von der mit romantischem Inhalt gefüllten **klassischen Form und Satzstruktur** aus.
  - → Die „fortschrittlichen" Verfechter der **Sinfonischen Dichtung** nehmen das der Sinfonie zugrunde liegende **„Programm"** und die **Aufhebung der klassischen Viersätzigkeit** durch den eingeschobenen freien Satz zum Ausgangspunkt ihrer Entwicklung.

Weiterentwicklung der klassischen Form

- Die auch als **romantischer Klassizismus** bezeichnete Entwicklung hält fest an den formalen Grundlagen der Sinfonie: **Viersätzigkeit** und **dreiteilige Sonatensatzform (Exposition, Durchführung, Reprise)** mit **Themendualismus**.
- Traditionelle Formen werden zwar mit poetischem Gehalt und romantischem Empfinden gefüllt, z. B. von Reiseeindrücken in Mendelssohns Schottischer Sinfonie, die kompositorischen Strukturen bleiben jedoch von musikalischen Zusammenhängen und Gesetzmäßigkeiten bestimmt **(Absolute Musik)**.
- Komponisten in dieser Tradition: SCHUBERT, MENDELSSOHN, SCHUMANN, BRAHMS, BRUCKNER, MAHLER

BEETHOVEN 6. Sinfonie - *Pastorale*	
1. Satz	Kopfsatz: Erwachen heiterer Gefühle bei der Ankunft auf dem Lande, Sonatensatzform
2. Satz	Liedsatz: Szene am Bach, langsames Andante
3. Satz	Tanzsatz: Lustiges Zusammensein der Landleute, Bauerntanz mit Trio
4. Satz	eingeschobener Satz mit freier Form – Gewitter, Sturm
5. Satz	Finalsatz: Hirtengesang – Frohe, dankbare Gefühle nach dem Sturm

BEETHOVEN *9. Sinfonie* – 4. Satz

- typische **Partiturseite der Klassik**
- Akkolade in vier Bereiche aufgeteilt:
  - oben doppelt besetzte **Holzbläser** in der Reihenfolge Flöten, Oboen, Klarinetten in A-Stimmung (transponieren eine kleine Terz tiefer) und Fagotte; darunter die **Blechbläser** Trompeten und Hörner, beide in D-Stimmung, wobei die Trompeten einen Ton höher, die Hörner eine Septe tiefer transponieren; **Vokalsatz** mit Solist und Chor (ATB); unten **Streicher** mit 1. und 2. Violine, Viola und den Bässen, Violoncello und Kontrabass auf gemeinsamem System notiert

Programmsinfonie und Sinfonische Dichtung

- **Programm-Musik:** Durch Titel, Hinweise oder Erläuterungen ist ein außermusikalischer Inhalt erkennbar.
- **Programmsinfonien:** Bestandteil der Programm-Musik
  → **Vorläufer**: *Biblische Historien* (1700) von KUHNAU oder die *Vier Jahreszeiten* (1725) von VIVALDI (→ S. 98/99).
  → **Drei frühe Sinfonien** von HAYDN (*Le matin, Le midi, Le soir*), BEETHOVENS 6. Sinfonie (*Pastorale)*
  → BERLIOZ' ***Symphonie fantastique*** (1830), der Uraufführung beigelegtes Programm beschreibt die Erlebnisse eines liebenden Musikers, ab dem 4. Satz seine bizarren Träume im Drogenrausch. „Die Geliebte selbst wird für ihn zur Melodie, gleichsam zu einer idée fixe, die er überall wiederfindet, überall hört."
- **Sinfonische Dichtung,** entstanden um 1850 als Gattung der orchestralen Programm-Musik mit der Absicht, begrifflich erfassbare Inhalte in die Musik zu übertragen, enstanden aus der inhaltsbestimmten **Konzertouvertüre** (z. B. BEETHOVENS *Egmont-Ouvertüre*) und der Programmsinfonie (z. B. BERLIOZ' *Symphonie fantastique*)
  → formal ein- oder mehrsätzig
  → benutzt zur Darstellung ihrer Aussagen **Leitmotivtechnik** mit charakteristischer Motivverwandlung, **klangliche Effekte** durch differenzierte Instrumentation und **ungewöhnliche Spielweisen**, **differenzierte Harmonik** und **Tonmalerei**
  → Themen aus Dichtung und Malerei sowie aus Natur und Technik
- LISZT und Gleichgesinnte begründen die **Neudeutsche Schule**. Sie streben die **Erneuerung der Sinfonie** nach BEETHOVEN an durch eine intime **Verbindung mit der Poesie**, um das auszusagen, was sich durch Wort oder Bild nicht mehr darstellen lässt.
- Um 1860 entbrennt ein heftiger **Parteienstreit** der „fortschrittlichen" Komponisten um LISZT und WAGNER gegen die „konservativ" an absoluter Musik festhaltenden Sinfoniker.
- Wortführer der **„Konservativen"** ist der Musikkritiker EDUARD HANSLICK, er vertritt das Ideal der „absoluten Musik"; konservative Komponisten u. a. SCHUMANN, BRAHMS, BRUCKNER.
- „fortschrittliche" **Tondichtungen** z. B. von R. STRAUSS *Till Eulenspiegels lustige Streiche* (1895), *Also sprach Zarathustra* (1896)
- **Sinfonische Dichtung** bleibt eine wichtige Gattung bis 1950 (RESPHIGI *Pini di roma*, VILLA-LOBOS *Madona* (1945)), bereichert enorm die Ausdruckskraft der sinfonischen Orchestersprache durch die beständigen Versuche, Außermusikalisches musikalisch abzubilden.

Solokonzert der Romantik

- **Konzerte** für Violine und Klavier werden zu einer Hauptgattung.
- Die **drei Sätze** eines Konzerts werden oft attacca (ohne Zwischenpause) aneinandergefügt oder schon als einsätziges Konzertstück mit mehreren charakterlich verschiedenen Abschnitten konzipiert.
- **Solokadenzen:** Ausführung in der Klassik meist den Interpreten überlassen, werden nun durch die Komponisten vorgegeben.

Virtuosentum im 19. Jahrhundert

- **PAGANINI** beeindruckt das Publikum auf Konzertreisen mit virtuosem Spiel auf der Violine und bewusst als Marketingstrategie eingesetztem „dämonischem" Ausdruck.
- **LISZT** will nach einem Konzertbesuch der „PAGANINI des Klaviers werden", die solistischen Partien werden zunehmend virtuoser.
- **virtuose Konzerte:** Orchestersatz eher untergeordnet und begleitend, soll dem Virtuosen nur ein klangliches Fundament zur besseren Selbstdarstellung liefern
- **sinfonische Konzerte:** **Solist** wirkt bei der **Entfaltung der sinfonischen Themen** mit, ist weitgehend in das sinfonische Geschehen integriert, ohne dabei sein solistisches Profil zu verlieren.

MUSIK DES 19. JAHRHUNDERTS — Checkliste

Überprüfen Sie Ihre Kenntnisse zu folgenden Themen:

→ Charakterstück, Programmsinfonie
→ Sinfonische Dichtung, Solokonzert
→ Welche Stilmittel gelten für alle Künste der Romantik?
→ Was macht Musik und insbesondere das Kunstlied zur „Idealgattung" der Romantik?
→ Gegenüberstellung: absolute Musik – Programmmusik
→ Die Harmonik sucht immer ausgefallenere spannungsvollere Akkorde. Erläutern Sie.
→ Welche Stationen können Sie als Beleg für die „Rückbesinnung auf vergangene Epochen" angeben?
→ Nennen Sie romantische Werke mit märchenhafter Grundlage.
→ Geistliche Musik des 19. Jahrhunderts
→ Klavierbegleitetes Sololied
→ Oper der Romantik

8

MUSIK DES 20. JAHRHUNDERTS

Versucht man, das Musikgeschehen des 20. Jahrhunderts zusammenfassend zu charakterisieren, so wird das Fehlen künstlerisch und gesellschaftlich verbindlicher Werte und Anschauungen klar erkennbar. Das Fehlen einer gemeinsamen Weltanschauung, der Verlust der Harmonie zwischen Mensch und Natur und die innere Zerrissenheit des Menschen dieser Zeit findet ihren Ausdruck in der Musik – wie auch in allen anderen Künsten.

ZENTRALE BEGRIFFE

- **Stilpluralismus:** gleichzeitig nebeneinander bestehende Stilvielfalt
- **Emanzipation der Dissonanz:** Gleichwertigkeit aller Intervalle, eine qualitative Bestimmung in Konsonanz und Dissonanz entfällt
- **Besinnung auf den Klang**
- **Zeitgenössische Musik:** nicht genauer zu bestimmende Kunstmusik der Gegenwart mit Kreativität, Experimenten, Innovationen, künstlerischen Wagnissen
- **Impressionismus:** Musik aus DEBUSSYS mittlerer Schaffensperiode, nach einer Stilrichtung der französischen Malerei um 1900 benannt, sucht Klarheit und Natürlichkeit. In Verbindung mit Titeln werden feine Stimmungsbilder gemalt, die vor allem Mensch und Natur abbilden.
- **Expressionismus:** In den ersten beiden Jahrzehnten des 20. Jahrhunderts in verschiedenen Künsten nach dem Impressionismus ein Stil mit gesteigertem Ausdruck des inneren subjektiven Empfindens. In der Musik werden Dissonanzen, freie Formen und extrem gesteigerte Klänge verwendet. Komponisten wie SCHÖNBERG, STRAWINSKY, HINDEMITH und BARTÓK kamen zu sehr verschiedenen kompositorischen Ergebnissen ohne einheitliche Stilmerkmale.
- **Atonale Musik:** Musik ohne Bezug zu einem tonalen Zentrum
- **Zwölftonmusik/Dodekaphonie:** System zur Komposition atonaler Musik auf Grundlage der 12 Halbtöne der chromatischen Tonleiter, aus welchen eine bestimmte Reihe erstellt wird, in welcher jeder Ton nur einmal vorkommt. Die Reihe wird dann zur melodischen und harmonischen Grundlage des Werkes.

- → **Serielle Musik/Serialismus:** Kompositionsweise nach 1950, die ausgehend von der Tonhöhenvorausbestimmung einer 12-Ton-Reihe auch andere musikalische Parameter wie Dauer, Dynamik und Anschlag durch eine Reihe vorherbestimmt.
- → **Elektronische Musik:** um 1950 entstandene Musikrichtung, bei der Klänge mit elektronischen Mitteln kompositorisch bearbeitet werden
- → **Konkrete Musik/Musique concrète:** konkrete gespeicherte Klänge wie Alltagsgeräusche oder eingespielte Instrumente werden durch Montage, Bandschnitt, Veränderung der Bandgeschwindigkeit und Tapeloops elektronisch verfremdet.
- → **Minimal Music:** Fasst verschiedene ab den 1960er-Jahren in den USA entwickelte Musikstile zusammen, bei welchen oft ein Klangteppich mit trancehafter Wirkung entsteht. Merkmale: repetitive Strukturen wie das Aneinanderreihen, Wiederholen und Überlagern kleinster motivischer Elemente (pattern) mit kleinen Variationen oder durch geringe unterschiedliche Geschwindigkeitsverläufe entstehende polyrhythmische Überlagerungen.
- → **Klangflächenmusik:** Gestaltet Klänge und Klangflächen durch übereinandergelegte Akkorde sowie vertikale und horizontale Tonverbindungen in Form von Clustern und Glissandi.
- → **Jazz:** Um 1900 aus einem Prozess der gegenseitigen Durchdringung der afrikanischen und der europäisch-amerikanischen Kultur entstandener Musikstil mit den Wurzeln **Worksong** (rhythmisch betontes Lied zur Arbeitsbegleitung), **Blues** (erzählt von persönlichen Problemen, prangert aber auch Diskriminierung und soziale Missstände an) und **Ragtime**.
- → **Propagandamusik:** zielgerichteter Einsatz von Musik um politische Meinungen oder öffentliche Sichtweisen in eine vom Propagandisten oder Herrscher erwünschte Richtung zu steuern.
- → **Entartete Kunst:** alle Kunstwerke und kulturellen Strömungen die im NS-Regime aus rassentheoretischen Begründungen verboten wurden, wie z. B. Expressionismus, Impressionismus, Dadaismus, Neue Sachlichkeit ...
- → **Weltmusik:** 1. alle auf der Erde vorkommenden Musiken – 2. Stilmix aus westlicher Kunst- und Popularmusik mit traditionellen und ethnischen Musikstilen anderer Kulturen.

Zeitgeschehen/Geistesströmung

- Erster Weltkrieg (1914–1918)
- Russische Revolution (1917), Gründung der Sowjetunion (1922)
- Weimarer Republik (1919–1932), Weltwirtschaftskrise (1929 –1932)
- Nationalsozialismus (1932–1945), Zweiter Weltkrieg (1939 –1945)
- Bundesrepublik Deutschland (1949) Teilung Deutschlands, Studentenunruhen (1968)
- Deutsche Wiedervereinigung (1990), Zerfall der Sowjetunion (1991), zahlreiche Kriege
- Probleme der Dritten Welt, internationaler Terrorismus

Kennzeichnende Musikmerkmale

- gleichzeitige Präsenz einer 1000-jährigen europäischen Musikgeschichte in Form von Noten und Tondokumenten
- Verfügbarkeit von Musik unzähliger anderer Kulturen und Epochen in Bild und Ton
- radikaler Bruch der Kunstmusik mit dem traditionellen Werk- und Musikverständnis, davon sind nach und nach alle musikalischen Parameter betroffen (Harmonik, Melodik, Rhythmik, Dynamik, Form, Instrumentierung, Klang usw.)
- Zersplitterung in zahllose, nebeneinander bestehende Persönlichkeitsstile mit immer geringer werdenden Überschneidungen
- zunehmender Zwang zu Modernität, Neuheit und stilistischer Originalität
- verschwindend geringe Bedeutung der zeitgenössischen Musik im Konzertleben
- unberührtes Verharren von Opern- und Konzertpraxis im Vergangenen
- Rock und Popmusik bleiben sehr einfach in Form und Harmonik, nicht jedoch in Bezug auf Rhythmus und Sound.
- Medienvielfalt zur Verbreitung von Musik
  Schallplatte (bereits im 19. Jahrhundert), Rundfunk, Drahttongerät, Tonband, Fernsehen, Kompaktkassette, CD
- digitale Speichermedien (Festplatten, USB-Stick ...), Internet (Streaming-Dienste)
- Vielfalt der Entwicklungen gerade in der Neuen Musik, unter anderem Atonale Musik, Zwölftonmusik, Serielle Musik, Konkrete Musik, Elektronische Musik, Minimal Music

Musikstile bis 1950

Impressionismus

- benannt nach einer Stilrichtung der französischen Malerei um 1900; elegante Einfachheit, Klarheit und Natürlichkeit als Abkehr vom überladenen Musikdrama WAGNERS; **Stimmungsbilder** von Mensch und Natur in Verbindung mit Titeln
- **Melodik** unabhängig von periodischer Eingrenzung und funktionaler Harmonik, **Rhythmik** reich verästelt, schwebend, verschleiert die Takt-Akzente, **Akkorde und Dissonanzen** als Farbwerte wie Klangfarben nebeneinander gesetzt.
- weitere musikalische Mittel: **Ganztonleiter** und **Pentatonik** mit ihren leittonlosen Akkorden, **Kirchentonarten**, **Terzschichtakkorde** (Nonen- und Undezimenakkorde), freischwebende Akkorde, die wie Mixturregister der Orgel parallelverschoben werden und unaufgelöst bleiben, naturverbundene, reich differenzierte **Orchesterklangfarben**
- **Endpunkt** der seit dem 17. Jahrhundert gültigen **tonalitätsgebundenen Kompositionsweise**, bereitet die ab ca. 1910 auftretende freitonale und tonalitätslose Musik vor.
- weitere Werke mit impressionistischen Elementen: PUCCINI *La Bohème* (1896), STRAWINSKI Ballett *Feuervogel* (1910).

DEBUSSY *Voiles* (fr.: Segel, Schleier)

- Malt die weiche Bewegung auf der Grundlage einer Ganztonleiter durch die in parallelen großen Terzen absteigende Linie. Danach folgt eine stärkere Bewegung, gekennzeichnet durch den Sprung nach oben, rhythmisch akzentuiert durch die doppelte Punktierung.
- Die verminderten Quarten gis – c und fis – b sind klanglich ebenfalls große Terzen.
- In der Unterstimme steigen nach dem als Orgelpunkt wiederholten B drei Achtelakkorde aus klanglich drei übereinander geschichteten großen Terzen (übermäßiger Dreiklang) jeweils einen Ganzton nach oben.
- Im (nicht abgedruckten) Mittelteil wechselt DEBUSSY das Tonsystem durch Verwendung von Pentatonik. Bemerkenswert ist die gedankliche Nähe beider Systeme zur äquidistanten, fünftönigen → **Slèndro-Skala** der Gamelanmusik Südostasiens.

Auflösung der Tonalität

- **Atonalität**, polemischer Begriff gegen die Musik der 2. Wiener Schule (SCHÖNBERG, WEBERN, BERG)
- nicht mehr auf einen Grundton (Tonika) bezogen und durch die Spannung von Dominante und Tonika geordnet
- Kurzfristige Aufgabe der Tonalität in früheren Epochen, so z. B. in MOZARTS Oper *Don Giovanni*. Dem Komtur wird mit dem Wegfall der Tonalität buchstäblich der Boden unter den Füßen entzogen.
- Das Ausdrucksstreben der **Romantik** auf der Suche nach immer neueren, reizstärkeren Klangverbindungen bereitet den Boden der **Tonalitätsauflösung** vor durch den Einsatz von Terzschichtakkorden mit erhöhten Leittonwirkungen, durch unaufgelöste Spannungen und harmonische Mehrdeutigkeit (→ Tristanakkord).
- **Tonalität** bleibt im **Impressionismus** zwar noch spürbar, doch die Verwendung von Klang als Farbe, parallelverschobene Akkorde und tonalitätsfremde, auf Pentatonik und Ganztonakkorden beruhende Klänge setzen sie schon auf weiten Strecken außer Kraft.
- Konsonanz und Dissonanz bei SCHÖNBERG nicht mehr Gegensatz, sondern graduelle Abstufung der Konsonanz

Schönberg, Klavierstück op. 19,6

- Aus dem Jahr 1911, gehört mit 9 Takten zu den kürzesten Zeugnissen der frühen atonalen Periode. Die Musik ist als aphoristische Miniatur zu einem quasi stationären Klang aus 6 Tönen erstarrt

Expressionismus

- in Malerei, Dichtung und Musik spontaner Ausdruck des inneren subjektiven Empfindens
- Edvard Munchs Bild *Der Schrei* symbolisiert geradezu den Notschrei des zerrissenen und gequälten Individuums und der Menschheit, welcher sich im Kunstwerk nach außen Bahn bricht.
- Aufgabe musikalischer Bindungen zur Steigerung des Ausdrucks → Aufgabe der Tonalität.
- neue Ausdrucksbereiche der **Singstimme**: Flüstern, Schreien und **Tonhöhendeklamation** (Sprechen im angegebenen Rhythmus auf ungefährer Tonhöhe, angezeigt durch die Kreuze im Notenhals)
- keine gemeinsamen Stilmerkmale im Ringen von Detail, Struktur und Form bei Komponisten wie Bartók, Strawinski, Hindemith
- elementare Wucht in Rhythmus und Dynamik (Strawinski, *Le sacre du printemps*)

BERG, Wozzek T. 301-304

→ Tonhöhendeklamation ersetzt das Rezitativ und kontrastiert zum echten Gesang.

12-Ton-Technik – Dodekaphonie

- **2. Wiener Schule:** SCHÖNBERG mit Schülern BERG und WEBERN
- System zur Komposition längerer Werke auf Basis einer neuen, tonal nicht gebundenen Ordnung soll die aphoristische Kürze in der frühen atonalen Musik überwinden
- **Grundreihe:** die 12 chromatischen Halbtöne einer Oktave werden in einer bestimmten Reihenfolge (z. B. Allintervallreihe, symmetrische Tongruppen u. a.) zusammengestellt.
- in dieser Folge bestimmend für die melodische und harmonische Struktur der Komposition
- Vermeidung tonaler Strukturen wie Dreiklänge bei der Aufstellung der Reihe, führt zur Bevorzugung der früher als Dissonanzen betrachteten Intervalle wie Sekunden, Septimen und Tritonus
- **Erweiterung des Materials** der Reihe durch **Umkehrung** (Umkehr der Intervallrichtung), **Krebs** (Reihe von hinten nach vorn) und **Krebsumkehrung** (KU) und **Transposition** aller vier Reihen auf jede Halbtonstufe
- **48 Modi**: vier Grundreihen und 44 Transpositionen
- Alle Töne müssen erklungen sein, bevor sie wiederholt werden, Ausnahme: unmittelbare Wiederholung eines Reihentons.
- Der weitere Kompositionsvorgang ist intuitiv: Die Töne dürfen beliebig oktavversetzt und repetiert, als melodisches oder harmonisches Material verwendet werden.
- Alle weiteren Parameter wie Tondauer, Dynamik, Artikulation und Metrum werden wie in der traditionellen Musik frei gewählt.

Modi für A. Schönberg, op. 25304

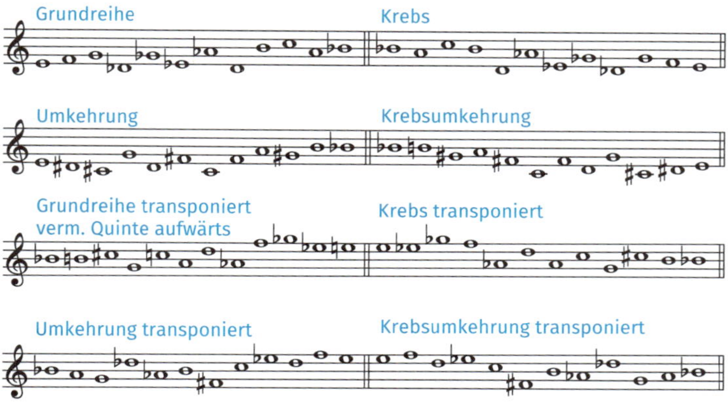

→ Im Präludium verwendet Schönberg für die Oberstimme die Grundreihe, für die Unterstimme die Transposition der Grundreihe; die letzten vier Töne bilden eine harmonisch gedachte zweite Stimme.

Schönberg, Suite op. 25,1 Präludium

Neoklassizismus

- Verwendung von **Stilmerkmalen und Formen des 18. Jahrhunderts** bei der Komposition Neuer Musik
- Stilrichtung ab 1920 vorwiegend in Paris will objektive, vom Individuum abgelöste klare Kunst

- Komponisten: STRAWINSKI, aus der Gruppe „Les Six" COCTEAU, MILHAUD, HONEGGER, POULENC, weiter die Schweizer SCHOECK und MARTIN, und schließlich JOLIVET und MESSIAEN
- Auch SCHÖNBERG verwendet in seinem **op. 25**, dem ersten voll ausgeprägten Werk in der 12-Ton-Methode, die alte Form der **Suite**. Bei der Aneinanderreihung von Tänzen verschiedenen Charakters bleibt deren innerer Zusammenhang durch die gemeinsame 12-Ton-Reihe gewährleistet und ersetzt den im Barock oft üblichen Zusammenhalt durch gleiche Tonart oder durch die Verwendung einer gemeinsamen Melodie.

SCHÖNBERG, Suite op. 25, 3 Musette

- In der **Musette**, eigentlich ein Tanz im Dreiertakt, findet man die ersten beiden Töne der Grundreihe in der obersten Stimme, der dritte Ton g in der Unterstimme wird wiederholt.
- Die Reihe setzt sich im zweiten Takt bis zur Mitte fort, die letzten vier Noten bilden als **Umkehrung** des **b-a-c-h** eine thematische Mittelstimme im ersten Takt.
- SCHÖNBERG verwendet das b-a-c-h-Motiv zur Verdeutlichung einer Traditionsreihe mit den Komponisten BACH, BEETHOVEN, BRAHMS trotz der radikalen Veränderung bei der Aufgabe der Tonalität.
- In gleicher Weise wird im Folgenden die Transposition der Umkehrung verwendet, bei der aber die ersten beiden Töne zur Vermeidung des sonst entstehenden Es-Dur-Klanges vertauscht sind **(Permutation)**.

Musik in totalitären Staaten

In den Kriegen und den totalitären Staatssystemen des 20. Jahrhunderts wurde Musik als eine Art psychologischer Waffe eingesetzt, was erst durch die Mittel der Massenkommunikation wie Rundfunk, Schallplatte und Film ermöglicht wurde, zu deren Verständnis jedoch ein genauerer Blick auf Wirkung und Funktion von Musik notwendig ist.

Musik und Wirkung

- **Musik wirkt**. Wenn Sie diese Zeilen lesen, haben sie mit höchster Wahrscheinlichkeit selbst positive Erfahrungen mit der Wirkung von Musik gemacht und setzen diese vielleicht sogar gezielt ein, um bei Ihnen selbst bestimmte Wirkungen zu erzielen.
- Musik **heilt, entspannt, beruhigt, bringt in Stimmung, erhöht die körperliche Aktivität, regt zum Tanzen an**, eventuell bis zur Ekstase, kann ein faszinierendes Kunsterlebnis sein oder zu meditativer Trance und zum Kontakt mit dem Jenseitigen führen.
- Viele **musikpsychologische Studien** beschäftigen sich mit den Wirkungen der Musik auf das vegetative Nervensystem des Körpers, auf die kognitiven Fähigkeiten sowie die Leistungsfähigkeiten des Gehirns.
- Spätestens ab 1600 mit der Entstehung der Oper war es erklärtes Ziel der Komponisten, durch Musik körperlich-seelische Reaktionen zu erzeugen und dadurch bestimmte Emotionen gezielt hervorzurufen.
- Die dabei verwendeten musikalischen Mittel wurden in der Figuren- und **Affektenlehre** gesammelt, systematisch dargestellt und in der Lehre weitergegeben. Wurden im **Barock** eher **stereotype Affekte** wie Wut, Zorn, Liebe musikalisch dargestellt, gelang es in den folgenden Epochen speziell in der Verbindung von Lyrik und Drama mit Musik, **individuelle seelische Entwicklungen** musikalisch detailliert zu schildern.
- In den spätromantischen Musikdramen WAGNERS kamen sogar gleichzeitig verschiedene Emotionen von Darstellern in einer Art sinfonischer Polyphonie zum Erklingen.

Musik und Funktion

- Musik wird zu verschiedensten gesellschaftlichen Gelegenheiten bewusst eingesetzt, als Gemeinschaft stiftendes Element bei Festen, Hymnen dienen als Statussymbol zur Selbstdarstellung, Marschmusik begleitet Staatsempfänge und den Weg ins Bierzelt.

- Was wäre Werbung oder Film ohne die Emotionen ausdeutende Kraft der mit großem Forschungsaufwand geschickt platzierten Musik?
- Nicht unumstritten ist allerdings der Einsatz von „Muzak“ genannter Musik als Konsumsteigerungsmittel in Warenhäusern oder der Einsatz von klassischen Werken auf Bahnhöfen quasi als „Insektenspray“, um unerwünschte Personen zu vertreiben.
- Problematisch wird die Funktionalisierung von Musik natürlich, wenn sie missbräuchlich in menschenverachtender Absicht eingesetzt wird, um eine politische Doktrin am Verstand vorbei emotional in einer Masse von Menschen zu verankern.
- Regimes mit so verschiedener politischer Ausrichtung wie der Nationalsozialismus, die sozialistische DDR und die kommunistische Sowjetunion verwendeten erstaunlicherweise in ihrer Propagandamusik in Hymnen und Märschen dieselben musikalischen und textlichen Mittel.
- Die Realität wurde auf eine Kampfsituation reduziert, der dabei entstehenden Not und Bedrängnis wurde ein Appell zur Geschlossenheit und zum Widerstand gegen die Untaten des Feindes entgegengestellt, der zum glorreichen Sieg hin überwunden werden muss.
- Musikalisch sind die Melodien **eingängig, leicht nachsingbar und volksliedhaft, ihr Rhythmus ist schwungvoll und marschmäßig mitreißend**, die Verheißungen der siegreichen Zukunft sind oft durch eine höherliegende Melodik hervorgehoben. In der klingenden Ausführung ist oft ein Blasorchester mit hymnischem Sprechgesang durch einen Männerchor hörbar.

Musik im Nationalsozialismus

Entartete Kunst

- Alle Kunstwerke und kulturellen Strömungen, die nicht dem Schönheitsideal der Nationalsozialisten entsprachen oder die von jüdischen Künstlern stammten waren im NS-Regime aus rassentheoretischen Begründungen verboten.
- Ab 1933 Kontrolle der Kunstschaffenden und ihrer Kunstwerke durch die **Reichskulturkammer**, bedeutete faktisch Berufsverbot für alle „Nichtarier“ und „Kulturbolschewisten“.
- Komponisten und Ausführende wurden dadurch in eine innere Emigration getrieben oder mussten tatsächlich auswandern.
- Dies betraf eine Reihe von Komponisten des Expressionismus, unter anderem A. SCHÖNBERG, P. HINDEMITH und B. BARTOK.

Propagandamusik

- Neben den bereits oben erwähnten propagandistischen Marschliedern wurde die Musik der „großen Deutschen“ BEETHOVEN, HAYDN, MOZART, BRAHMS, BRUCKNER und BACH als Musik von Deutschen für Deutsche ideologisch vereinnahmt und zur Gestaltung der Parteitage benutzt.
- RICHARD WAGNER, der bereits 1869 die antisemitische Broschüre „Das Judenthum in der Musik“ veröffentlicht und in seiner nordischen Götterwelt des *Ring der Nibelungen* das Ariertum vorweggenommen hatte, galt als musikalischer Wegbereiter des „Dritten Reiches“; seine Opern waren die meistgespielten klassischen Werke dieser Zeit.
- ORFFS *Carmina Burana* wurde 1937 zwar vor einem begeisterten Publikum uraufgeführt, gleichzeitig kritisierte der Völkische Beobachter eine vermeintliche „Jazzstimmung“ des Werkes.

Musik im Konzentrationslager

- In vielen NS-Lagern entstanden im täglichen Leben der Gefangenen Lagerchöre und Lagerorchester.
- Die Lieder der Häftlinge wurden teilweise in den Liederkanon des KZs aufgenommen.
- Das *Moorsoldatenlied – Wir sind die Moorsoldaten und ziehen mit dem Spaten ins Moor* … aus dem KZ Börgermoor ist vielleicht das bekannteste und wird noch heute ab und zu gesungen.
- Neben der Hilfe zur **Erleichterung des Alltags** gab es auch **Musik auf Befehl, als Schikane**, zur **Verspottung** und zur **psychischen Demütigung** der Gefangenen, um beispielsweise einen Appell bei Kälte und Unwetter, einen Marsch in die Gaskammer oder in ein Vernichtungslager zu begleiten.

Lager in Theresienstadt

- **Gestapogefängnis** und **Durchgangslager** zu den Vernichtungslagern
- zusätzlich **Propagandafunktion** gegenüber dem Ausland als Altersghetto und **jüdische Mustersiedlung** mit besonders reichhaltigem Musikleben

- HANS KRÁSAS Kinderoper **Brundibár** wurde dort 55-mal aufgeführt, 1944 auch zu Propagandazwecken bei einem Besuch des Roten Kreuzes und als Teil des Filmes *Der Führer schenkt den Juden eine Stadt.*
- ELA STERN, die als 12-Jährige in der Brundibar-Aufführung in Theresienstadt die Katze spielte, berichtet über ihre Teilnahme an einer der *Brundibár*-Aufführungen, zu welcher sie den Gelben Stern ablegen konnte: *„Wir waren in diesem Augenblick nicht mit dem Gelben Stern gebrandmarkt, und das bedeutete für uns – wir waren in diesem Augenblick frei."*
- Die Darsteller der Rollen mussten häufig ausgewechselt werden, da sie häufig, wie dann auch der Komponist, in den Vernichtungslagern endeten.

Musik nach 1950

Serialismus

- nach 1950 entstanden, Ausgangspunkt Tonhöhenvorausbestimmung einer 12-Ton-Reihe
- Auch die anderen musikalischen Parameter wie Tondauer, Dynamik und Anschlag werden durch eine möglichst zwölftönige Reihe vorherbestimmt.
- Die Parameter können fest mit einer Tonhöhe verbunden sein oder nach einem mathematischen Schema, z. B. einem Zahlenquadrat, wechselseitig verknüpft werden.
- bestechende innere Logik dieser Kompositionsweise, aber menschlich unpräzise Ausführung und eher zufällige Klangwirkung
- angeregt durch das Klavierstück *Mode de valeurs et d'intensités* (1949) von MESSIAEN.

→ Die vier Parameterreihen für Tonhöhen, Tondauern, Tonstärken und Anschlagsarten bilden die grundlegenden Daten für *Structures pour deux pianos* (I. Buch 1952) von BOULEZ.

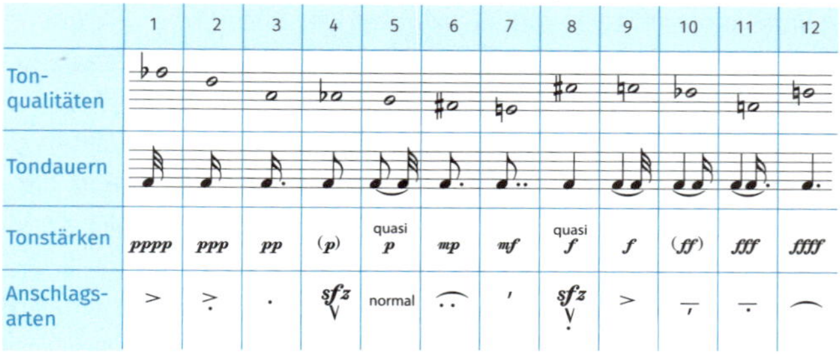

- Durch Transposition der Tonhöhenreihe, durch Umkehrung, Krebs und Krebsumkehrung ergeben sich verschiedene Zahlenreihen, die den vier Parametern, aber auch den formalen Abläufen zugrunde gelegt werden.
- Weitere Vertreter dieser Kompositionsweise sind: STOCKHAUSEN, NONO, POUSSEUR

Elektronische Musik

- um 1950 entstanden, kompositorische Bearbeitung eines Klanges mit elektronischen Mitteln
- Nicht dazu zählt beispielsweise die nur klangliche Verfremdung einer E-Gitarre oder ein elektronisches Klavier.
- Zunächst nur elektronisch zusammengestellte Klänge, später auch Umweltgeräusche **(Musique concrète)** und alles, was auf Tonband aufgezeichnet und elektronisch weiterbearbeitet werden konnte.
- Mit dieser Technik konnte die serielle Technik auch auf die einzelnen Frequenzbestandteile eines Tones ausgedehnt werden. Vertreter: STOCKHAUSEN, EIMERT, NONO u.a.

Aleatorik

- von lat.: alea – Würfel, der Zufall ist strukturbildendes Merkmal, Gegenpol zur in allen Parametern total bestimmten seriellen Musik
- Spannweite von fest komponierten, nur in der Reihenfolge der Abläufe freien Werken über nur teilweise festgelegte Strukturen bis zur bloßen Vorgabe einiger Töne als Improvisationsmaterial.

- Oft wird eine mehrdeutige grafische Notation zu Grunde gelegt, die entweder einen bestimmten Bewegungsablauf fordert oder als freie Assoziation die Mitwirkenden zu eigenen musikalischen Aussagen anregen soll. Ein eindeutiger Bezug des klingenden Ergebnisses zur vorliegenden Notation ist meist nicht beabsichtigt.
- Als Hauptvertreter der experimentellen Musik verbindet CAGE musikalische Aktionen oft mit anderen Künsten wie Malerei, Tanz und Gestik zu einer spontanen Aktionsform (Happening, Performance), die sich gegen das geschlossene Kunstwerk wendet. Weitere Vertreter: STOCKHAUSEN, BROWN u.a.
- Aleatorische Elemente in der Musikgeschichte findet man z.B. in der Solokadenz des Konzerts, im ausgezierten Wiederholungsteil einer Da-capo-Arie, in der rhythmischen Freiheit des Rezitativs, im nach Regeln improvisierten Generalbass oder in der freien Wahl der Instrumente in Musik der Renaissance und des Frühbarock.

CAGE Komposition 4'33'

- Zu geplant empörter Publikumsreaktion führte 1952 in Darmstadt CAGES „Komposition" 4'33" (tacet in 3 Sätzen). Tacet ist ein gängiger Hinweis z.B. für den Orchestermusiker in Oper und Konzert, dass es in diesem Abschnitt für ihn nichts zu spielen gibt.
- Hier wird der traditionelle Werkbegriff in letzter Konsequenz aufgegeben. Eine Analogie hierzu ist der leere Rahmen in der bildenden Kunst

Klangflächenmusik, Mikropolyphonie

- Klangballungen (Cluster) meist aus übereinandergeschichteten Sekunden, aber auch anderen größeren und kleineren Intervallen (Vierteltönen)
- Dissonanzwirkung und Harmonik werden dabei aufgehoben. Cluster sind durch Ambitus, Dichte, Struktur, durch Statik oder innere Bewegung gekennzeichnet.

- LIGETI schreibt in seinen Kompositionen *Atmospheres* für Orchester und *Lux aeterna* für 16-stimmigen Chor im Tonhöhenverlauf streng polyphone, rhythmisch jedoch freie Strukturen, die ein dichtes pulsierendes Klanggewebe (Cluster) ergeben, ohne traditionelle Melodie und äußerlich erkennbaren Rhythmus. Oft werden Clusterkompositionen auch grafisch notiert (LIGETI *Volumina* für Orgel, PENDERECKI, *De natura sonoris* und *Anaklasis* u.a.).

Minimal Music

- Mitte der 1960er-Jahre entstanden zeitgleich mit der Minimal Art an der amerikanischen Westküste. Ausdruck der Beschäftigung mit indischer Musik und fernöstlicher Philosophie, bewusste Abwendung von europäischer Musiktradition und Kunstverständnis; ihre Vertreter erwarten von ihren Hörern eine veränderte Form der Wahrnehmung (Musik als „gradueller Prozess").
- Kleine rhythmisch-melodische Einheiten (pattern) werden repetiert und nur geringfügig melodisch, klanglich oder rhythmisch verändert. Dabei können komplexe, nicht notierbare Überlagerungsstrukturen entstehen.
- In Konzerten mit Minimal Music findet man Hörer aus dem Pop-, Rock-, Jazz- und Klassikbereich. Vertreter: RILEY, GLASS, CAGE, REICH

STEVE REICH, *Clapping music*

- konkrete „Anweisungen": Aufführungsdauer von rund fünf Minuten, genaue Hinweise, wie geklatscht werden soll, beide Interpreten sollen die gleiche Art der Handhaltung wählen, flach oder gewölbt, damit die beiden Rhythmen verschmelzen und ein einheitlicher Klang entsteht.
- Darüber hinaus empfiehlt REICH bei Räumen, die mehr als 200 Personen fassen eine elektrische Verstärkung. Die Aufführenden sollen dicht beieinander stehen, um sich gegenseitig gut hören zu können. Das Schallereignis Klatschen ist kurz und laut, man kann dabei leicht den Partner überhören. Der Rhythmus der oberen Zeile bleibt immer gleich. In der unteren Zeile wird bei jedem Wiederholungstakt das erste Achtel entfernt und am Taktende wieder eingefügt.

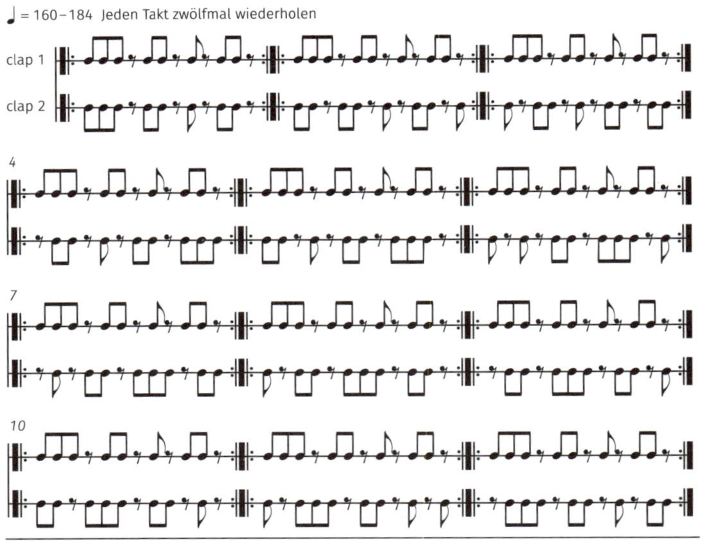

Universal Edition A.G., Wien

Jazz

- um 1900 entstanden aus der Durchdringung (Akkulturation) der afrikanischen und der europäisch-amerikanischen Kultur
- **Vorläufer:** im 19. Jahrhundert von Nachfahren der von den europäischen Kolonisatoren nach Amerika verschleppten Sklaven entwickelte Gattungen: **Spiritual** (religiöses Lied), **Worksong** (rhythmisch betontes Lied zur Arbeitsbegleitung) und **Blues** (erzählt von persönlichen Problemen, Diskriminierung und sozialen Missständen) mit afrikanischen und europäischen Elementen
- **Aufsplitterung in viele Stile:** Alle historischen Stilrichtungen vom **New Orleans Jazz bis zu Free Jazz und Fusion** sind heute gleichzeitig präsent.
- Viele Stilnuancen, da jeder Jazzmusiker einen eigenen unverwechselbaren **Personalstil** finden und etablieren möchte.

Musikalische Merkmale

- **spontanes Spiel und Improvisation** mit starkem seelischem Ausdruck (Soul) zur Kommunikation mit Mitspielern und Publikum
- **Rhythmik: Swing** in allen Stilrichtungen des Jazz, beruht auf den meist vor, selten auch nach der regelmäßigen Zählzeit gebrachten Akzenten **(Off-beat)** und der **ternären Spielweise** (zwei gleich notierte Noten werden ungefähr im Verhältnis 2 : 1, lang – kurz ausgeführt).
- **Melodik**: Verwendung der auf die afrikanische **Pentatonik** zurückgehenden **Bluestonleiter** mit den erniedrigten Stufen 3, 5 und 7 **(blue notes)**.
- **Tonideal**: persönlich ausdrucksvoll mit rauem Klang **(dirty tones)**, starker Akzentuierung der (hohen) Noten **(hot intonation)** und oft gleitendem Erreichen der Noten **(smear)**
- **Call and response**: Kurze, variierte Melodien eines Vorsängers werden vom Chor wiederholt.
- **Improvisation**: Das spontane Spiel ohne Notenvorlage als Soloimprovisation oder als Kollektivimprovisation, welche vor allem bei stark afroamerikanisch bestimmtem Jazz verbreitet ist.
- **Stilwandel**: stets begleitet von gesellschaftlichen Veränderungen im Zusammenleben der beiden Kulturen, jeweils stärkeres Hervorheben oder Abschwächen der afrikanischen Merkmale.

Vom Blues zum Fusion Jazz

Blues – Worksong – Spiritual – Gospelsong
Anfang 19. Jahrhundert; weltliche und geistliche Gesänge der Schwarzen in den USA; im Blues 12-taktiges Akkord-Schema; „blue notes"; meist mit Gesang, Banjo und Gitarre, später auch Bands; Vertreter: BESSIE SMITH, H. LEDBETTER, MAHALIA JACKSON, GOLDEN GATE QUARTETT
Ragtime 1890 bis 1910
nicht improvisierte Klaviermusik mit „schwarzer" Rhythmik; Vertreter: SCOTT JOPLIN, JELLY ROLL MORTON, TOM TURPIN, JAMES SCOTT, EUBIE BLACKE. Moderne Interpreten: WILLIAM BOLCOM, REGINALD R. ROBINSON

New Orleans Jazz 1900 bis 1925
„weißer" Dixieland; Kollektiv-/Soloimprovisation; aus Militärkapelle entstandene Combo; Vertreter: JOE „KING" OLIVER, BUNK JOHNSON, LOUIS ARMSTRONG mit den *„Hot Five"* und *„Hot Seven"*, JOHNNY DODDS, KID ORY, LIL HARDIN, *Original Dixieland Jazz Band*, *New Orleans Rhythm Kings*
Chicago Jazz 1925 bis 1930
Tutti-Spiel, zunehmend Solo-Improvisationen, vor allem junge „weiße" Gruppen; Vertreter: BIX BEIDERBECKE, *Austin High School Gang*
Swing Jazz 1940 bis 1945
„Arrangements" in Tutti-Teilen, Improvisationen nur in Soli, tanzmusikartig; Big Band mit mehrfach besetzten Bläsern, die in Gruppen (sections) spielen; Vertreter: DUKE ELLINGTON, COUNT BASIE, BENNY GOODMAN, ELLA FITZGERALD, BILLY HOLIDAY, COLEMAN HAWKINS, LESTER YOUNG, OSCAR PETERSON, GENE KRUPA
Bebop 1940 bis 1955
Melodie-Instrumente spielen unisono im Eingangs- und Schluss-Tutti; rasend schnelle, hektische Solo-Improvisationen; komplizierte Harmonik; Combo; Vertreter: CHARLIE PARKER, DIZZY GILLESPIE, THELONIOUS MONK, CHARLIE MINGUS, KENNY CLARKE. Wichtige Alben: THELONIOUS MONK: Genius of Modern Music; CHARLIE PARKER: The Bird Returns; BUD POWELL: The Amazing Bud Powell; CHARLIE PARKER, DIZZY GILLESPIE, BUD POWELL, CHARLES MINGUS, MAX ROACH: The Quintett – Jazz at Massey Hall
Cool Jazz 1950 bis 1960
vibratolose, gleitende Melodie-Improvisationen; komplizierte Harmonik; melancholisch-resignierter oder introvertiert-kühler Ausdruck; Anlehnung an „barocke" Formen; Combo, seltener auch Big Band; Vertreter: MILES DAVIS, LENNIE TRISTANO, LEE KONITZ, *Modern Jazz Quartet*. Wichtige Alben: MILES DAVIS: The Complete Birth of the Cool; LENNIE TRISTANO (with WARNE MARSH & LEE KONITZ): Live in Toronto; *The Modern Jazz Quartett*: Django

Free Jazz 1960 bis 1975

Loslösung von herkömmlicher Harmonik und Form; neuartige Spieltechniken, ausgefallene Klangeffekte; „totale Improvisation"; extrem subjektiv, elitär. Combo, seltener Big Band. Vertreter: ORNETTE COLEMAN, JOHN COLTRANE, ERIC DOLPHY, DON CHERRY, SUN RA. Wichtige Alben: ORNETTE COLEMAN: The Shape of Jazz to Come; ERIC DOLPHY: Iron Man; KEITH JARRETT: Facing You

Rock Jazz – Electric Jazz – Fusion Jazz seit ca. 1975/80

Verbindung von Jazz- und Rockelementen; stilistische Vielfalt; heute auch Fusion mit der Avantgarde; zusätzlich: elektrisch verstärkte und elektronische Instrumente; Vertreter: JOHN MCLAUGHLIN, MILES DAVIS, CHICK COREA, JOE ZAWINUL, *Weather Report*, *United Jazz + RockEnsemble*, PAT METHENY, DAVID SANBORN, JAN GARBAREK, BERND KONRAD, LOUIS SCLAVIS. Wichtige Alben: MILES DAVIS: Bitches Brew; *Mahavishnu Orchestra*: Inner Mounting Flame; HERBIE HANCOCK: Head Hunters; *Weather Report*: Mysterious Traveller

Abi Tipp

JAZZ, POP UND ROCK IM ABITUR?

Jazz, Rock und **Pop** spielen eine bedeutende Rolle im täglichen Leben vieler Menschen, in der Gesellschaft und in ihrer wirtschaftlichen Bedeutung für die Musikindustrie sowie für Funk und Fernsehen, in Abituraufgaben tauchen sie bislang jedoch kaum auf.

- Umsatz nationale und internationale Popmusik 2017: 1197 Mio. €
- Klassische Musik: 56 Mio. Euro mit einem Marktanteil von 4,68 %.

Gründe für das seltene Vorkommen von Jazz, Pop, Rock in Abiturprüfungen könnten sein:
Die Musik liegt oft nur als Audioaufzeichnung ohne Notenmaterial vor. Die Schwierigkeit, bloß gehörte musikalische Vorgänge sprachlich eindeutig wiederzugeben, macht sie damit für Prüfungen ungeeignet.

Aufzeichnungen der Melodie mit zugehörigen Akkordsymbolen sind oft nur sehr einfach oder gar verfälscht.
Das wesentliche Merkmal der Stücke jedoch, das Klangbild, der spezielle Sound, der durch das Arrangement und die Bearbeitung mit Effektgeräten und Mischpult entsteht, und die oft dazu gehörenden Improvisationen sind nicht notiert und sprachlich noch weniger eindeutig greifbar.
Auch die wenigen vorliegenden Arrangements sind meist nur als Andeutungen oder Orientierungshilfen zu verstehen. Dieselben Titel gibt es bisweilen in mehreren Stilarten nebeneinander.
Der für das musikalische Kunstwerk geltende **Werkbegriff**, der durch den schriftlich überlieferten Notentext die Intention des Komponisten bezüglich Instrumentation und musikalischem Ausdruck möglichst genau widerspiegeln soll, ist für die meisten Stücke aus Jazz, Pop und Rock ohne Relevanz.

Pop, Rock und Jazz spielen jedoch in der Ausbildung der Schulmusiker eine zunehmend größer werdende Rolle, sie tauchen thematisch auch in Lehrplänen der Sekundarstufe auf und werden dadurch vermehrt abiturrelevant.
In den Bundesländern ohne vorgegebenen Lehrplan sollte ein Gespräch mit den Lehrkräften und die Durchsicht der zurückliegenden Abituraufgaben Klarheit schaffen.
In den Bundesländern, in denen ein ministerieller Lehrplan mit thematischen Vorgaben vorliegt, könnten sie als Prüfungsstoff beispielsweise in folgenden ausgewiesenen Themenbereichen auftauchen:

Musik und Sprache: Textbehandlung, z. B. bei Liedermachern, im Jazz, Rock/Pop, HipHop
Musik und Politik – aktuelle Protestsongs
Musik und Tradition – Gestaltungselemente früherer Epochen in der Popularmusik

Musik und Internet

Ein neues Verhältnis zur Musik

Eine Reihe von technischen Erneuerungen veränderte in den letzten 20 Jahren grundlegend das Verhältnis von Musik zu ihrer Produktion, ihrer Vermarktung und den Hörgewohnheiten der Konsumenten. Das betrifft zwar grundsätzlich jede Musikrichtung – aber ganz besonders die populäre Musik.

Verbreitung digitaler Tonaufnahmen

- sekundenschnelles digitales Kopieren ohne Qualitätsverlust
- Reduktion der Datenmenge auf ein Zehntel der Originalgröße
- Tauschen oder Downloaden aus mitunter illegalen Tauschbörsen
- Angebot von unzähligen nach Sparten sortierten Rundfunksendern aus aller Welt
- radioähnliche Streamingdienste, die ein individualisiertes Programm anbieten, das nach dem bereits Gehörten ähnliche weitere Titel vorschlägt (Beispiele: Spotify, Apple Music)

Musik in der Hosentasche

- **Smartphone**: Funktion als **Audio- oder Videoabspielgerät**, kann durch Kabel oder Bluetooth mit Lautprecheranlagen verbunden werden, Ersatz für Platten- oder CD-Spieler
- vorhandene CDs können eingelesen, per Download gekauft oder gegen eine Gebühr im **Streamingdienst** genutzt werden
- Konkurrenz zum „normalen“ Musikkauf
- Die Abfolge der Musikstücke auf CD oder (Vinyl-)Schallplatte, im Idealfall die vom Musiker bestimmte „Dramaturgie“ seiner Werke, spielt kaum noch eine Rolle.

Copyright versus schöpferisches Gemeingut

- Werke von Komponisten und Kunstschaffenden anderer Sparten unterliegen dem **Urheberrecht** zum Schutz des geistigen Eigentums, ähnlich dem **Copyright** im englischsprachigen Bereich.
- Das **Urheberrecht** wird in Deutschland von der **GEMA** für ihre Mitglieder wahrgenommen, wofür ein Mitgliedsbeitrag anfällt.

- Ausschüttung der Verkaufs- und Sendeerlöse einmal jährlich für den Autor, rechnet sich nur bei sehr häufiger Aufführung der Werke
- **CC Creative-commons-Lizenz**, auch computerlesbar, räumt verschieden gestaffelte Nutzungsrechte ein: von **völlig frei – public domain** in Abstufungen bis **alle Rechte vorbehalten**.
  Beispielsweise: Weiterverbreitung und Aufführung ohne finanziellen Profit erlaubt bei Nennung des Künstlernames (CC BY-NC) / BY Namensnennung / NC non-commercial

MUSIK DES 20. JAHRHUNDERTS — Checkliste

→ Spätromantik
→ Neoklassizismus,
→ Impressionismus
→ Expressionismus
→ atonale Musik
→ 12-Ton-Musik
→ Serialismus
→ Elektronische Musik
→ Aleatorik
→ Klangflächenmusik
→ Minimal Music
→ Wie gelingt DEBUSSY die Abkehr vom psychologischen Musikdrama Wagners?
→ Warum bereitet die Verwendung der Ganztonleiter und der übermäßigen Akkorde die Atonalität vor?
→ Durchdenken Sie SCHÖNBERGS Konsonanz-Dissonanzbegriff auf der physikalischen Grundlage der Obertonreihe. Führt er grundsätzlich zur Atonalität?
→ Schließt die Verwendung der 12-Ton-Technik Tonalität aus?
→ Handelt es sich bei 4'33 von JOHN CAGE um Musik, um Kunst oder um bloße Provokation?
→ Jazz, Rock und Pop
→ Können Sie über diese Schlüsselbegriffe referieren?
→ Blues, Rhythm & Blues
→ Reggae,
→ Rock'n Roll
→ Beat
→ Hard Rock
→ Punk
→ Techno Rock

STICHWORTVERZEICHNIS

Bildquellenverzeichnis:
Monteverdi, Claudio: Internationale Musikbibliothek 63.